Möbel

REMBRANDT VERLAG

Herausgeberin: Madeleine Hours, Conservateur en Chef des Musées Nationaux, Maître de Recherche au C.N.R.S.

Kennen – Restaurieren – Pflegen

Daniel Alcouffe

Möbel

Ratschläge und Informationen
für Sammler und Restauratoren

REMBRANDT VERLAG BERLIN

Übersetzung aus dem Französischen:
Guido Meister

Satz und Druck: Hertig + Co. AG, Biel
Photolithos: Kreienbühl + Co. AG, Luzern
Buchbinderische Verarbeitung: Burkhardt AG, Zürich
Grafische Gestaltung und Herstellung: Ronald Sautebin
Redaktion: Roswitha Beyer

Titel der Originalausgabe: Restauration du Mobilier

ISBN 3-7925-0246-1

Printed in Switzerland

INHALTSVERZEICHNIS

EINLEITUNG

Die anhand von alten Urkunden rekonstruierte Geschichte eines Möbelstücks wirkt wie eine Kette von Mißgeschicken. Und wenn sie sich wie in den meisten Fällen nicht rekonstruieren läßt, kann man das Schlimmste vermuten und befürchten. Es gibt praktisch kein altes Möbelstück, das nicht repariert worden wäre[1], aber bis in die jüngste Zeit waren diese Reparaturen der Erhaltung seines ursprünglichen Zustands eher schädlich als zuträglich.

Die Restaurierung von Möbeln ist nichts Neues. Seit die Zahl der Möbel zuzunehmen und ihr Zierat sich zu entwickeln begann, wird uns in der Tat berichtet, daß sie instandgehalten und «geflickt» wurden, solange sie in Mode blieben. Davon legen im 17. und 18. Jahrhundert die Rechnungsbücher hochgestellter Persönlichkeiten und die Urkunden der Lieferanten Zeugnis ab.[2] In großen Hauswesen gab es bisweilen eigens zu diesem Zweck angestellte Handwerker. In manchen Fällen verpflichtete sich der Hersteller zur Reparatur des Möbels, wie etwa der Kunsttischler Sigismond Flexan aus dem Faubourg Saint-Antoine, der einer Kundin 1702 einen Schreibtisch verkauft, «den er ihr zu flicken verspricht, falls sie irgendeinen Mangel an seiner Arbeit feststellen sollte»[3]. Unter Ludwig XV. finden wir im Journal des Pariser Händlers Duvaux zahlreiche Restaurierungen erwähnt: «Zwei Kommoden ausgebessert, sie wieder furniert und wie neu gemacht; die Farbe der Bronzen aufgefrischt...» (1749); «Zwei Lackkommoden ausgebessert; Korpus und Schubladen instandgesetzt, den alten Aventurinfirnis abgetragen und von Martin neu in Schwarz ausführen lassen, den Lack wiederhergestellt & nachmodelliert, um die Mängel zu vertuschen, die Bronzeverzierungen frisch gefirnißt und wie neu gemacht, 175 Livres» (1752); «Eine Kommode geflickt und bis auf das blanke Holz abgeschabt; die Bronzen mit Malergold aufgefrischt, 88 Livres» (1755)[4]. Aber im allgemeinen wird zu jener Zeit ein Möbelstück ganz unabhängig von seiner Qualität nicht eigentlich als Kunstwerk betrachtet, sondern als Gebrauchsgegenstand oder rein dekoratives Element, das nicht geschont zu werden braucht. Die Ausbesserungen, die es um jeden Preis wie neu wirken lassen sollen, kümmern sich nicht um seine Haltbarkeit. Von Riesener, der für Ludwig XVI. ein Möbel restauriert, wird gesagt, daß er die Einlegearbeit «abkratzt und neu poliert» und die Vergoldung der Bronzeverzierungen reinigt, sooft es von ihm verlangt wird.[5] Wenn ein Möbel alt wird, zögert man nicht, wie Pierre Verlets Untersuchungen des Mobiliars der französischen Könige gezeigt haben, es kurzerhand zu vergrößern, zu überhöhen, die Furniere oder die Bronzen zu ersetzen. Wenn das Stück nicht angepaßt werden kann, gibt man es auf. Ludwig XIV. besaß sozusagen keine Möbel von seinen Vorgängern. Der Tradition der Königlichen Gerätkammer zufolge «ist es üblich, von Zeit zu Zeit alte Möbel, die nicht mehr dienen und gebraucht werden, zu verkaufen»[6]. Es kommt bereits im 18. Jahrhundert vor, daß Teile alter, geopferter Stücke für neue Möbel verwendet werden: Tafeln von Boulle-Intarsien[7], Mosaiken aus harten Steinen[8], deutsche Einlegearbeiten mit Verzierungen aus dem ausgehenden 16. Jahrhundert[9].

Im 19. Jahrhundert tauchen neue Gewohnheiten auf. Man fährt zwar fort, die zeitgenössischen Möbel zu pflegen[10], aber gewisse Handwerker spezialisieren sich auf die Restaurierung alter Möbel: Handelsblätter wie der Pariser *Almanach du Commerce* geben ihre Adressen bekannt. So wissen wir zum Beispiel, daß unter Ludwig XVIII. ein gewisser Smith «nach alter Manier gemalte Möbel aller Art herstellt und auch restauriert» oder daß der Kunsttischler Brunet zwischen 1836 und 1844 «die Reparatur kostbarer Möbel» übernimmt.[11]

Tatsächlich kommen die alten Möbel in Mode und werden dementsprechend ausgebeutet. Die Restaurierung besteht indessen nicht darin, das Möbel zu retten, sondern nach Gesichtspunkten der Brauchbarkeit und der Ästhetik möglichst großen Nutzen daraus zu schlagen. Es wird zunächst naiv und dann zu kommerziellen Zwecken restauriert, indem man entweder das alte Möbel so wiederherstellt, wie man es sich in seinem ursprünglichen Aussehen vorstellt, oder es den im Augenblick geltenden Bedürfnissen entsprechend umgestaltet. Häufig werden die gut erhaltenen Teile eines Möbels übernommen und gegebenenfalls mit Bestandteilen von anderen alten Möbeln ergänzt. Unter der Restauration gibt der *Bazar parisien* für den Kunsttischler Rémond an: «Er stellt auch Möbel mit altem chinesischem Lackfirnis her, läßt sie restaurieren und fertigt sie nach dem Wunsch der Leute, die sich an ihn wenden»[12].

Solche Vorstellungen finden sich sogar bei den begabtesten Liebhabern. Anfänglich interessiert man sich vor allem für Möbel des Mittelalters und der Renaissance, zu deren ersten Sammlern der Maler Revoil gehörte; er besaß insbesondere einen Schrank aus dem 16. Jahrhundert, der 1828 mit seiner ganzen Sammlung an den Louvre verkauft wurde: «Als Monsieur Revoil dieses Stück erwarb, fehlte der Giebel. Da ein solches Meisterwerk nicht unvollständig bleiben konnte, fertigte der Antiquar einen an und fühlte sich bemüßigt, ihn mit den H und den Halbmonden zu versehen (Heinrich II. und Diane de Poitiers)»[13], womit er das Aussehen, den Zierat und die Geschichte des Möbels verfälschte. Louis Philippe ließ für das Schloß von Pau Möbel des ausgehenden Mittelalters und der Renaissance kaufen, die gegen Ende des Jahrhunderts folgendermaßen beurteilt wurden: «Die Kredenzen und Truhen wurden den Erfordernissen des modernen Lebens entsprechend zu Schubladenschränken und Kommoden umgebaut; indessen bestätigen wir gerne, daß im allgemeinen die Reparaturen mit hinlänglichem Respekt, wenn nicht für die alten Formen, so doch für die Schnitzereien und allgemein die Ornamentik vorgenommen wurden».[14]

Später werden die Möbel des 17. Jahrhunderts auf die gleiche Weise entstellt. 1834 erhält Jacob Desmalter der Jüngere von der Königlichen Gerätkammer den Auftrag für ein «Boulle-Möbel», für das ihm alte, mit Kupfer und Schildpatt eingelegte Tafeln mitgeliefert werden.[15] Die französischen Ebenholzschränke aus der Zeit um die Mitte des 17. Jahrhunderts werden je nach ihrem Zustand in

Schrankunterteile oder in zweiteilige Schränke umgewandelt. Ihre Ausbeutung gehört zu den Spezialitäten des Londoner Kunsthändlers Edward Holmes Baldock, der 1843 von solchen Möbeln stammende Türen und Tafeln zum Kauf anbietet.[16] Obwohl die Möbel des 18. Jahrhunderts zu Beginn des Zweiten Kaiserreichs zu begehrten Stücken werden, behandelt man sie oft ungeachtet des damaligen Interesses für die Raumkunst, ihre Geschichte und ihre Fortschritte, ziemlich rücksichtslos. Häufig werden die Hölzer abgebeizt, die Bronzeverzierungen verändert; und das geht so weit, daß der Sammler Paul Eudel sich 1908 zu folgendem Ausruf veranlaßt fühlt: «Da die Ausnahme die Regel bestätigt, können wir füglich behaupten, daß es keine alten Möbel mehr gibt. Alles, was verkauft wird, ist falsch oder scheußlich repariert. Aus den Epochen, die der unseren vorangegangen sind, hat so gut wie kein bürgerliches Mobiliar überlebt» [17].

Aber in Wirklichkeit haben die noch erhaltenen antiken Möbel gerade in unseren Tagen wegen der Lebensbedingungen, für die sie nicht geschaffen waren, besonders schnell Schaden genommen. Wir müssen ihnen helfen zu überleben: Die Restaurierung des Mobiliars ist ein beunruhigendes Problem geworden.

Seine Möbel aus Ersparnisgründen selbst restaurieren zu wollen, verschlimmert zumeist ihren Zustand. Man hüte sich vor den Bastelratschlägen, die in guten Treuen versichern, das Restaurieren sei leicht. Der Amateurrestaurator unternimmt wohl einen befriedigenden Versuch, erkühnt sich, setzt die Arbeit fort und ruft eine Katastrophe hervor; so wird ein Werk zerstört, das hätte gerettet werden können. Das Restaurieren ist eine heikle Angelegenheit, die Aufgabe eines Fachmanns.

Früher, noch vor etwa fünfzig Jahren, war das Restaurieren ein bequemer Beruf, weil das Publikum sich leicht zufriedengab; das blühende Möbelgeschäft zog die guten Handwerker an, und die schlechten wurden Restauratoren. Heute fordert ein anspruchsvolleres Publikum sachverständige Handwerker. Ob es sie immer findet? Eine Spezialausbildung ist unerläßlich, dazu ein gründliches Studium der alten Möbel, und zwar sowohl in den Museen als auch in der Fachliteratur.

Technisch gesehen fordert das Restaurieren mehr Können als die Herstellung. Man muß die handwerkliche Fähigkeit erworben haben und in Anbetracht der Vielfalt der zu behandelnden Fälle alles machen können: Fugenwerke, Schnitzereien, Intarsien, Gravierungen, Firnissen usw. Der künftige Restaurator sollte möglichst nach einer technischen Schulausbildung ein Praktikum in einer Restaurierungswerkstatt absolvieren. Der Schulunterricht muß um so strenger sein, als gewisse Techniken im Verschwinden begriffen sind und nicht in einer verfälschten Form übermittelt werden sollten. Am besten wäre es, sich nach Schulabschluß eine Zeitlang mit der Herstellung zu beschäftigen, ehe man sich bei einem Restaurator spezialisiert. Es genügt nicht, eine Zeitlang in einer wohlbekannten Werkstatt zu arbeiten, um sich für die selbständige Niederlassung auszuweisen: Ein Restaurator ist erst nach mehreren Jahren «reif».

Antike Möbel sind heute so allgemein beliebt, daß es für einen Restaurator immer genug Kunden gibt; nur muß er sie erziehen, wenn sie finden, eine Restaurierung daure zu lange und sei zu teuer.[18] Die Fristen dürfen nicht verwundern, denn im Verlauf der Arbeit erlebt man häufig Überraschungen, die sie verzögern: So entdeckt man etwa bei der

Prüfung eines auf den ersten Blick korrekten Furniers, daß alles retuschiert, verflickt, durchgebrochen ist. Die Kosten der Restaurierung sind nicht den verwendeten Materialien zuzuschreiben, die nie einen großen Betrag ausmachen, sondern dem Arbeitsaufwand. Was teuer zu stehen kommt, ist die langwierige, unsichtbare Arbeit unter der Oberfläche des Möbels: Konsolidierung des Blindholzes furnierter Möbel, Vorbereitungsarbeiten für das Vergolden... Der Liebhaber muß einsehen, daß die Restaurierung sich nicht sofort bezahlt macht, sondern erst auf lange Sicht. Es empfiehlt sich deshalb, ihn vor Beginn der Arbeit in die Werkstatt einzuladen, ihm in Reparatur befindliche Möbel zu zeigen, ihn während der verschiedenen Stadien der Instandsetzung seines Möbels immer wieder kommen zu lassen, um ihn zu informieren und sich mit ihm zu besprechen.

Der Restaurator sollte ein paar Vorsichtsmaßnahmen treffen und zunächst einmal das Möbel photographieren lassen, ehe die Restaurierung in Angriff genommen wird. Wenn er Gründe hat, an seiner Echtheit zu zweifeln, soll er diese Zweifel dem Besitzer mitteilen – auf die Gefahr hin, dessen Unwillen zu erregen, weil er seine Zuständigkeit in Frage gestellt fühlt. Andernfalls könnte der Restaurator späterhin, wenn die Unechtheit des Stücks offenbar wird, beschuldigt werden, statt des Originals eine Kopie abgeliefert oder zumindest unnötige Kosten verursacht zu haben.

Der Preis eines Arbeitstages und zuweilen auch die Versicherungsfristen zwingen gute Restauratoren leider häufig, schnell zu arbeiten und sich für die Instandsetzung eines bestimmten Möbels nicht mehr als eine gewisse Zeit zu gönnen. Indessen ist es notwendig, sich vor Beginn der Arbeit Zeit zu nehmen, um die verschiedenen Möglichkeiten der Behandlung zu erwägen. Die Restaurierung ist bedeutend schwieriger als die Herstellung, die bestimmten Regeln gehorcht; die Lösungen der Restaurierung hingegen hängen vom Zustand des Holzes ab, vom Stil des Möbels, seiner Form, seiner Bauweise, seiner Verzierung – und auch seiner Zweckbestimmung: Die Ausbesserung muß besonders widerstandsfähig sein, wenn das Möbel nicht ein Museumsstück ist, das nicht benutzt wird und sich in einer gleichbleibenden Atmosphäre befindet, sondern in täglichem Gebrauch steht. Jedes Möbel ist ein Sonderfall, und beim Restaurieren geht es nicht darum, ihm sein mutmaßliches ursprüngliches Aussehen wiederzugeben, sondern vor allem seinen Verfall aufzuhalten und zu konsolidieren, was noch da ist, ohne seinem Aussehen zu schaden. Um dies zu erzielen, sollte man möglichst gleich arbeiten wie zur Zeit der Herstellung des Möbels, mit dem gleichen Werkzeug und den gleichen Materialien.

Die herkömmlichen Herstellungsmethoden, dank denen das Möbel bis auf den heutigen Tag erhalten blieb, sind erwiesenermaßen gut. Dennoch darf man nicht engstirnig sein: Kein Mittel ist abzulehnen, um ein Möbel zu retten, und das zwingt zuweilen zu Kompromissen. Aus Ehrfurcht vor dem Werk verzichten gewisse Restauratoren auf dieses oder jenes Verfahren, weil es früher nicht angewandt wurde und technisch nicht orthodox ist; aber in extremen Fällen kann es besser sein, zum Beispiel bei einem zerbrechlichen Möbel Metallverstärkungen oder Schrauben zu verwenden, um ein verderbliches Zerlegen zu vermeiden, oder kleine «Durchbrüche» auf einem Furnier zu retuschieren, anstatt es abzunehmen und das Risiko einzugehen, es nicht richtig ergänzen zu können. Das Restaurieren ist ein schöpferisches Handwerk: Es müssen Lösungen gefunden werden, um haltbare Ausbesserungen zu erhalten, die nicht zu sehr auffallen, und zwar nicht in betrügerischer Absicht, sondern um der Ästhetik des Möbels nicht zu schaden. Man soll indessen immer an den nächsten Restaurator denken und nur reversible Verfahren benutzen.

Es gibt jedoch verschiedene Grundsätze, die zu beachten sind:

MÖGLICHST VIELE ALTE BESTANDTEILE ERHALTEN

Natürlich muß man sich bemühen, so weitgehend wie möglich beizubehalten, was das Möbel noch besitzt – Holz, Färbung –, und so wenig neue Teile wie möglich einzufügen. Bei schwierigen Reparaturen ist es manchmal besser, ein Stück einzusetzen oder eine Farbe auszubessern, auch wenn dies sofort oder auf die Dauer sichtbar wird, als einen Originalteil neu zu machen. Das Holz soll nur ersetzt werden, wenn ein massiver Teil allzu wurmstichig ist oder ein Furnier zu durchlöchert.

RADIKALE MASSNAHMEN VERMEIDEN

Es gibt Handwerker, die unter einer Restaurierung nur eine Totalüberholung verstehen. Sie zerlegen systematisch jedes Möbel, lösen das Furnier, beizen Vergoldung und Bemalung ab. Das Restaurieren ist nachher einfacher, und der Kostenvoranschlag läßt sich leichter aufstellen, wenn alles neu gemacht werden muß. Das ist kein Restaurieren, sondern eine Neuanfertigung. Solche Maßnahmen dürfen nur ergriffen werden, wenn sie unumgänglich sind. Sie bergen das Risiko, dem Möbel einen Teil seines ehemaligen Charakters zu rauben, und überdies die Gefahr, daß beim Zerlegen etwa ein Verband zerbricht oder daß nicht lotrecht verleimt wird.

Ein weiterer Weg des geringsten Widerstandes besteht darin, die alten Teile, deren Restaurierung nicht gelingt, einfach zu beseitigen. Anstatt bei einem auszubessernden Furnier die nicht im gleichen Holz erhältlichen Stücke durch eine ähnliche Holzart zu ersetzen, wird einfach das ganze ursprüngliche Furnier durch ein anderes ersetzt, das man unter der Hand hat. Es kommt auch vor, daß von mehreren gleichen Bronzemotiven eines fehlt und nicht nachgebildet werden kann und daß man es dann vorzieht, die noch vorhandenen ebenfalls abzunehmen. Ferner wird von gewissen Tischlern die alte Patina retuschiert, um sie der Farbe der neuen, eben eingesetzten Stücke anzugleichen, weil das einfacher ist als das umgekehrte Verfahren.

DIE ALTERUNG RESPEKTIEREN

Oft besaß das Möbel ursprünglich eine lebhafte Farbe, wie das Aussehen des Holzes im Inneren oder unter den Bronzeverzierungen manchmal zu erkennen gibt. Trotz der möglicherweise vorhandenen äußeren Schutzschichten ist die Oberfläche des Möbels unausweichlich unter der Einwirkung des Lichts und der Luft gealtert. Es kommt nicht in Frage, die ursprüngliche Farbe durch Abschleifen wieder bloßzulegen: Das wäre besonders bei furnierten Möbeln viel zu gefährlich für das Holz. Die natürliche Alterung, die zum Leben und zur Geschichte des Gegenstands gehört, muß respektiert werden.

Man kann nur eine gewisse Annäherung an den ursprünglichen Zustand anstreben, indem man vorsichtig versucht, ein wenig von den Kontrasten zwischen den Hölzern einer Intarsie oder zwischen den matten und brünierten Stellen einer Vergoldung wiederzufinden.

DIE ALTEN REPARATUREN UND ÄNDERUNGEN NICHT SYSTEMATISCH ZUM VERSCHWINDEN BRINGEN

Es gibt Restauratoren, die es für notwendig halten, alte Ausbesserungen neu zu machen – angeblich weil man sie sieht oder weil sie nicht kunstgerecht ausgeführt wurden. Wenn sie solide sind, ist es oft und besonders an wenig sichtbaren Stellen besser, sie beizubehalten, um das Möbel keinen Unfällen auszusetzen, wenn man sie mit aller Gewalt beseitigen will. Die früheren Restauratoren haben manchmal den Fehler begangen, mit Nägeln zu reparieren, die sich nur schwer entfernen lassen: Bei diesem Bemühen kann man ein Loch verursachen und den Zustand des Möbels verschlimmern.

Häufig neigen Restauratoren auch dazu, ein anscheinend verändertes Möbelstück so wiederherzustellen, wie es sein sollte oder wie sie es sich vorstellen, indem sie hinzufügen, was entfernt wurde, oder entfernen, was hinzugefügt scheint. Dabei muß man noch sicher sein, daß es sich wirklich um Veränderungen handelt. Manchmal sind ihre Form und ihr Zierat schon alt. Die Geschichte der Möbel liefert zahlreiche Beispiele für Umwandlungen, die schon sehr früh vorgenommen wurden.[19] Duvaux' Journal verzeichnet die an zeitgenössischen Möbeln vorgenommenen Änderungen: «Das Furnier von den Beinen eines Schreibtischs abgenommen, die Schubladen geändert und zwei neue auf den Seiten angebracht» (1750); «Eine Bibliothek aus Veilchenholz schneiden lassen..., sie mit dem gleichen Holz neu furniert... & den Marmor neu zugeschnitten & die Zierleisten verschoben» (1756).[20] Es gibt Beispiele für eine Umänderung der Verzierungen aus politischen Gründen: 1795 restauriert ein Pariser Tischler namens Périn einen Boulle-Schrank, an dem er «verschiedene Teile der Verzierungen, die Gestalten aus dem Lehnswesen darstellten, durch andere» ersetzt.[21] Auch die scheinbar nachträglich hinzugefügten Bronzen können schon alt sein, wie erneut bei Duvaux ersichtlich ist: «Eine mit Malergold vergoldete Spange einem intarsierten Bein aufgesetzt...» (1756); «Eine Boulle-Kommode... ringsum mit Bronze verziert, die mit Malergold vergoldet ist, 600 Livres. Auf den Seiten zwei Masken hinzugefügt, 60 Livres» (1758).[22] Diese Änderungen können vom Geschmack oder von der Geschichte einer Epoche oder eines Individuums Zeugnis ablegen. Wenn wir sie beseitigen, löschen wir die ganze Geschichte des Möbels aus, ohne dabei wirklich sicher zu sein, daß wir ihm sein ursprüngliches Aussehen zurückgeben.

NICHT MEINEN, EINE RESTAURIERUNG MÜSSE UM JEDEN PREIS UNSICHTBAR SEIN

Zahlreiche Restauratoren glauben, gerade darin bestehe die vorzüglichste Eigenschaft ihrer Arbeit, und setzen ihren Ehrgeiz darein, die Restaurierung zu vertuschen. Sie lassen sich von einer bestimmten Kundschaft beeinflussen und sind der Meinung, eine sichtbare Restaurierung mache ein Möbel verdächtig und entwerte es.

Natürlich ist für ein Möbelstück keine archäologische Restaurierung denkbar, die alle restaurierten Teile systematisch sichtbar ließe; sie müssen vielmehr mit dem übrigen Möbel verschmolzen werden, damit die Restaurierung nicht stört und

von weitem nicht auffällt, sondern den Eindruck eines harmonischen Ganzen bewahrt. Eine häufig recht schwierige Angleichung der Farbe der restaurierten Teile an die der unbehandelten genügt.
Auf keinen Fall ist der Versuch gutzuheißen, die neuen Stücke absichtlich zu beschädigen, damit sie gleich aussehen wie das übrige Möbel.

VERSCHWUNDENE TEILE NUR AUF GRUND VERLÄSSLICHER HINWEISE ERGÄNZEN

Was tun, wenn ein Teil der Struktur oder Verzierung eines Möbels nicht mehr vorhanden ist (Abb. 1 bis 4)? Das Problem stellt sich beispielsweise beim fehlenden Querholz eines Sitzmöbels, dessen zugestopfte Zapfenlöcher auf den Beinen sichtbar sind, oder bei der teilweise abgenutzten Gravierung einer Intarsie. Die Wiederherstellung sollte nur vorgenommen werden, wenn ein identischer oder symmetrischer Teil als Vorbild dienen kann. Das Muster mag sich auf dem gleichen Möbel finden oder auf einem gleich beschaffenen, das zu derselben Gruppe gehört – etwa im Falle der Stühle –, oder auf einem anderen bekannten Exemplar, wenn es sich um oft wiederholte Möbelstücke handelt. Was den Zierat betrifft – Schnitzerei, Gravierung, Profilierung des Vergoldungsgrunds, Bronzeverzierungen –, der verschwunden ist oder auf einem neuen Stück wiederholt werden soll, so fertigt man je nachdem eine Pause oder einen Abguß des Modells an und ist bei der Reproduktion bemüht, dem Geist des Schöpfers treu zu bleiben.
Wenn der verschwundene Teil nur einmal auf dem Möbel vorhanden war und kein Gegenstück bekannt ist, wird das Problem bedeutend schwieriger. Wenn es sich um einen wesentlichen Teil des Möbels handelt, dessen Fehlen seiner Ausgewogenheit und seinem Verständnis schadet, dann ist die Nachbildung zuweilen unerläßlich. Daß ein offenkundig früher mit einer Marmorplatte versehenes Möbel wieder eine erhalten muß, ist ganz klar. Eine alte Beschreibung des Möbelstücks bringt manchmal Angaben über den verschwundenen Teil, seine Ausmaße, seine Materialien. Manche Restauratoren halten sich an Möbel, die schon lange bekannt sind, oder an Modelle, die während früherer Restaurierungen von antiken Möbeln angefertigt wurden: Sie wollen vor allem nicht erfinden. Aber es ist ein gefährliches Vorgehen: Man kann später auf ein Möbelstück oder ein Dokument stoßen, das die Nachbildung zunichte macht. Auf jeden Fall sollten Photographien des früheren Zustands gemacht werden. In solchen Fällen ist es meistens empfehlenswert, auf eine Wiederherstellung zu verzichten. Das Möbel hat dann nicht mehr sein ursprüngliches Aussehen, gewiß, aber das erlaubt auch keine Ergänzung, und unter Umständen erreicht man das Gegenteil. Besonders im Bereich des Zierats darf der Geist des Möbels nicht durch Elemente verfälscht werden, die später für original gehalten werden könnten: nachgemachte Gravierungen der Intarsien, Nachmodellierung des Vergoldungsgrunds, Ersetzen verschwundener Bronzen durch andere, die von alten Möbeln stammen. Man soll auch nicht unbedingt alle größeren Lücken ausfüllen, sondern zum Beispiel die Spuren der Befestigung verschwundener Bronzeverzierungen sichtbar lassen.

NICHT VERSUCHEN, DAS MÖBEL ZU «VERBESSERN»

Restaurieren heißt zuweilen verändern. Es kommt vor, daß ein zu begabter Restaurator es allzu gut

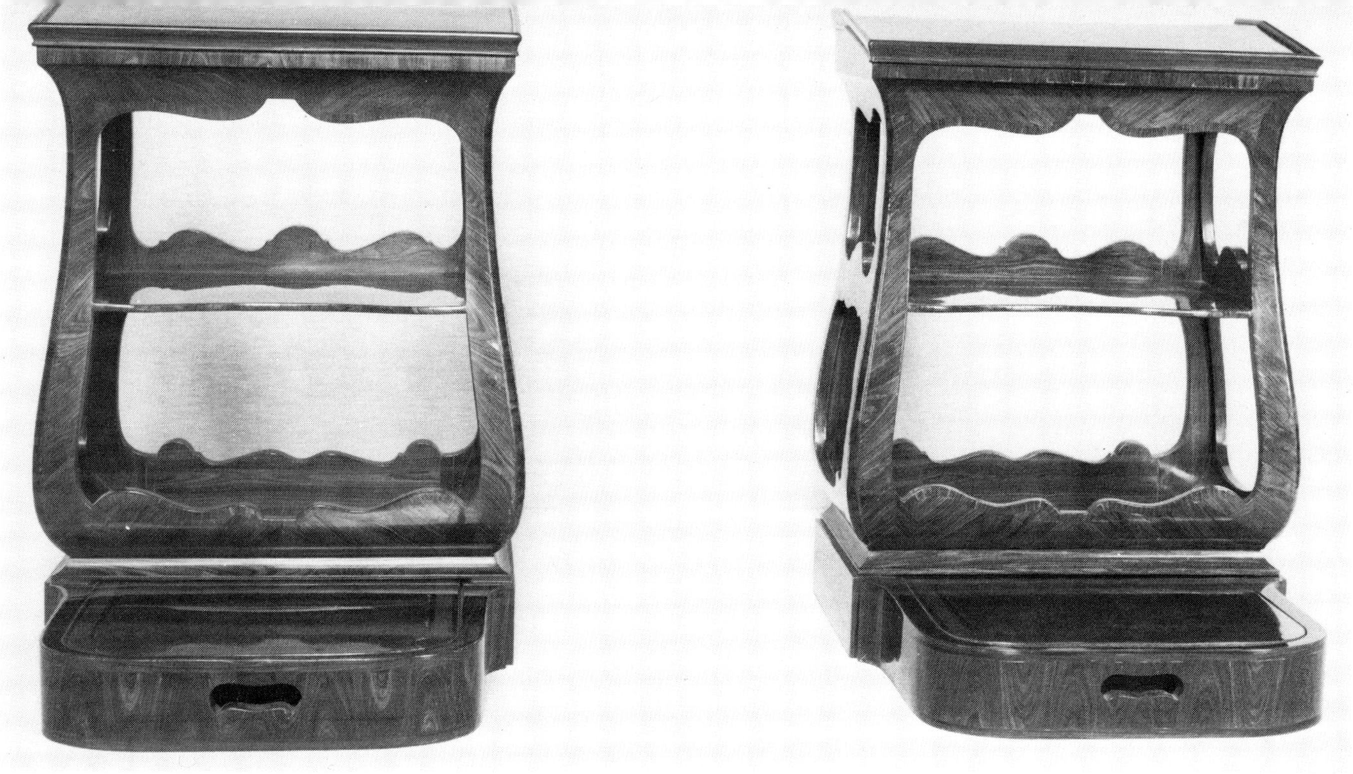

1
Boulle-Schränkchen aus dem 17. Jh., das durch die Hinzufügung einer Marmorplatte, eines Sockels und der vier Füße in ein Abstellmöbel verwandelt wurde (H. 1,15 m, Br. 0,95 m, T. 0,44 m). Wir kennen mehrere Schränkchen dieser Art, denen gegen Ende des 18. und im 19. Jh. das gleiche Schicksal beschieden war.

2
Sockel des Schränkchens von Abb. 1, der gleichzeitig durch die Hinzufügung einer Marmorplatte in eine Konsole verwandelt wurde (H. 1,15 m, Br. 1,00 m, T. 0,50 m).

3
Der aus den Teilen (Abb. 1 und 2) dank der Entfernung der hinzugefügten Elemente rekonstruierte Schrank (H. 1,85 m, Br. 0,99 m, T. 0,50 m). Gestützt auf alte Beschreibungen des Möbels, eine Zeichnung aus dem 17. Jh., die ein Stück dieser Art darstellt, und das Beispiel ähnlicher noch erhaltener Möbel hat Emile Molinier, Conservateur am Louvre, um die Jahrhundertwende diese Rekonstruktion vorgenommen. (Paris, Musée du Louvre)

4
Antoine-Robert Gaudreaus: Zwei Betstühle aus Veilchenholz, Paris, um 1745 (H. 0,81 m, Br. 0,61 m). Der Schemel des rechten Betstuhls, der beseitigt worden war, ist 1976 analog dem Schemel des linken wiederhergestellt worden. (Fontainebleau, Musée national du Château)

machen will; es kommt auch vor, daß er von gewissen Händlern dazu ermutigt wird, denen er manchmal die von ihnen geforderten Ketzereien aus wirtschaftlichen Gründen nicht abschlagen kann, wird doch in ihren Augen der Preis der Reparatur durch den Mehrwert aufgewogen, den das Möbel durch die Veränderung erlangt: Bekannte Möbel läßt man ungeschoren, aber man kann ein unbekanntes Stück sehr stark verändern und «einen Esel in ein Zirkuspferd verwandeln». Das wie ein Rohstoff behandelte Möbel wird so hergerichtet,

5
Auf einem *Louis-Seize*-Schreibtisch unter die Marmorplatte geklebter Briefkopf.

daß es harmonischer, praktischer, fröhlicher wirkt. Was nicht mehr Mode ist, wird beseitigt. In der Annahme, der Urheber des Möbels habe sich geirrt, «verbessert» man, was man für mangelhaft hält, und ändert die Proportionen, wenn sie einem schlecht oder ungewohnt vorkommen (während das Möbel sehr wohl auf Bestellung nach besonderen Maßen ausgeführt sein kann), indem man etwa die Linien einer Kommode ändert, damit sie gefälliger wirken, oder die geschwungene Form der Beine umgestaltet, die Kanneluren vertieft, die für unästhetisch gehaltenen Bronzeverzierungen oder Motive von Intarsien durch andere ersetzt, ein bisher unvergoldetes Möbel vergoldet usw. Ein geschickter, aber schlecht beratener Restaurator wird leicht zu einem oft völlig gutgläubigen Fälscher. Die Restauratoren des 19. Jahrhunderts haben das Mobiliar des Mittelalters und der Renaissance so gründlich entstellt, daß es heute schwierig ist, es zu studieren und sich eine Meinung zu bilden. Wir dürfen nicht zulassen, daß mit den Möbeln der späteren Epochen die gleichen Fehler begangen werden.

ALLE AUF DEM MÖBEL BEFINDLICHEN ANGABEN BEWAHREN

Etiketten, Zeichen, auf den Gurten vorhandene Nummern sind lauter Möglichkeiten, die Geschichte des Möbelstücks zu verfolgen. Wenn ein mit solchen Angaben versehener Teil ersetzt werden muß, ist es nowendig, diese Hinweise zu retten und auf dem neuen Teil anzubringen.

Das vorliegende Buch erhebt nicht den Anspruch, sich mit allen Techniken, allen Materialien, allen Fällen, allen Verfahren zu beschäftigen. Insbesondere werden die orientalischen und europäischen Lackmöbel, die eine besondere Untersuchung lohnen, nicht berücksichtigt.

Die Probleme und Lösungen sind, wie bereits gesagt, immer wieder anders. Es ist nicht unsere Absicht, den guten Restauratoren Ratschläge zu erteilen und sie ihr Handwerk zu lehren, sondern einzelnen unter ihnen Vorsicht zu empfehlen. Es ist vor allem unser Anliegen, den Betreuern antiker Möbel – Konservatoren oder Sammlern – klarzumachen, daß die langwierige und heikle Restaurierung eines Möbelstücks nicht unbesehen irgend jemand anvertraut werden darf. Oft hat der Besitzer eines solchen Stücks ein ganz gutes Gewissen, sobald er es einem Restaurator übergeben hat, ohne sich weiter darum zu kümmern, bis er es zurückerhält. Dann ist das Möbel anscheinend in gutem Zustand. Aber was ist inzwischen geschehen? Manchmal sind alle Befürchtungen gerechtfertigt. Man muß auch fähig sein, die Vorschläge gewisser Restauratoren zurückzuweisen.

Die Restaurierung kann viel über ein Möbel, seinen Urheber, seine Herstellung, seine Geschichte aussagen. Es wäre wünschenswert, zum Andenken an die fertige Restaurierung im Möbel einen vielleicht von einem Kommentar begleiteten Hinweis auf deren Urheber und Datum zu hinterlassen (Abb. 5).[23]

6

David Roentgen: Sekretär, Neuwied, 1779 (H. 3,69 m, Br. 1,52 m, T. 0,88 m). Die Tür des oberen Teils mit der Darstellung der Astronomen war verlorengegangen. Aber es gibt ein Gegenstück, das Roentgen im gleichen Jahr gebaut und mit Intarsien geschmückt hatte (Berlin, Kunstgewerbemuseum), und die Tür dieses Möbels diente 1953 als Vorlage für die Restaurierung. Der Restaurator verfügte über ein Farbphoto, das ihm die Art und Farbe der Hölzer zeigte; er benutzte eine Vergrößerung, die er auf ein Blindholz pauste, um die Intarsie nachzubilden. (Wien, Österreichisches Museum für angewandte Kunst)

WERKSTOFFE UND WERKZEUG

Werkstoffe

Die Möbelrestauratoren klagen allgemein, daß die benötigten herkömmlichen Werkstoffe nicht mehr ihre früheren Eigenschaften besitzen und wegen ungenügender Nachfrage oft nur schwer aufzutreiben sind. Manche sind überhaupt verschwunden, und das hat dazu geführt, daß gewisse alte Verfahren aufgegeben wurden. Die Restauratoren sehen sich gezwungen, das Material der Werkstätten, die aufgehoben werden, aufzukaufen, um sich einen Vorrat zu halten.[1]

7
Einheimische Hölzer. Von links nach rechts und von oben nach unten: Eiche, Buche, Nußbaum, Vogelkirschbaum, Birnbaum, gewöhnlicher und gesprenkelter Ahorn, Esche, Platane, Olive, Buchs, Sykomore, Pflaume (mit Splintholz links), grün gefärbter Birnbaum (bei den drei letzten Hölzern handelt es sich um Sägefurnier-Stücke, die im oberen Teil abgeschliffen sind; vgl. Abb. 8).

8
Furniere aus exotischen Hölzern. Von links nach rechts und von oben nach unten:
1. In Faserrichtung gesägtes Furnier: Rosenholz, Veilchenholz, Amarantholz, Palisander aus Rio, Mahagoni aus Kuba, Ebenholz, Satinholz. Das Zersägen der senkrechten Stämme hinterläßt auf dem Furnier regelmäßige Spuren, die im unteren Teil dieser im oberen Teil abgeschliffenen Muster sichtbar sind.
2. Furnier aus Hirnholz: Veilchenholz.
3. Geschnittenes Furnier: Thujaknorren, Ambonholz, Zitronenbaum.

Ungeachtet dieser Nachteile ist es unerläßlich, diese Werkstoffe zu verwenden, auch wenn sie ein wenig verändert sind. Um Zeit zu gewinnen, gebrauchen einzelne Restauratoren heutige Produkte, die dem Möbel ein im Augenblick vorteilhaftes Aussehen verleihen, das aber nicht lange vorhält. Für die Restaurierung sollten diese für die Neuanfertigung vorgesehenen Produkte nicht oder nur auf Grund sehr großer Erfahrung verwendet werden.
Holz und Leim spielen natürlich die Hauptrolle.

DAS HOLZ

Wenn Holz eingesetzt werden muß, um ein Möbel zu reparieren, soll es von guter Qualität sein, trocken und wenn möglich alt, damit es nachher gleich altert wie das Holz des Möbels und dank seiner schon erworbenen Patina das Einfärben bei sichtbaren Ausbesserungen möglichst weitgehend ausschließt.
Die zur Ergänzung eines massiven Teils bestimmten Stücke stammen meistens von ausgedientem Material: altes Tischlerholz (Balken), belanglose alte Möbel (Bettgestelle aus Buche, um Sitzmöbel zu reparieren, die häufig aus diesem Holz gemacht sind; Möbel aus Eichenholz, das im Altern eine schwer nachzuahmende Farbe annimmt).
Auch das Furnier wird oft von alten Möbelstücken übernommen: Man zersägt zum Beispiel aus dem 19. Jahrhundert stammende Ausziehplatten aus

massivem Mahagoni. Aber um die Furniere der Möbel früherer Epochen zu reparieren, sollte man das Zerlegen der Möbel des 19. Jahrhunderts, die an sich zu sehr verschrien und vernachlässigt worden sind, doch nicht übertreiben.

Bleibt die Lösung eines neuen Furniers. Im Handel findet man so gut wie kein gealtertes Furnierholz mehr: Das älteste ist höchstens dreißig Jahre alt. Aber auf jeden Fall ist es unerläßlich, für die Restaurierung nur Furniere zu verwenden, die der traditionellen Methode gemäß gesägt wurden. Im 18. Jahrhundert wurde der Stamm – wie ein Stich des Tischlermeisters Roubo uns in Erinnerung ruft[2] – senkrecht gestellt und von zwei Brettschneidern waagrecht mit einer Längssäge (Abb. 11) zersägt; die so erhaltenen Furnierblätter weisen eine unregelmäßige Dicke auf. Im 19. Jahrhundert wird die Arbeit mit der Hubsäge mechanisiert, die zuerst mit Dampf und später elektrisch betrieben wurde. Der senkrechte Stamm wird auf einem Untergestell befestigt, das in eine vier Meter tiefe Grube eingelassen wird. Der Motor betreibt sowohl die Bewegung des Gestells, das aufsteigt und den Stamm unter das Sägeblatt bringt, als auch die Bewegung der Säge. Dieses Verfahren erlaubt, 4 m lange und 0,70 m breite Furnierblätter in Faserrichtung zu sägen. Das Holz kann aber auch quer zur Faserrichtung geschnitten werden, um das sogenannte Hirnholz zu erhalten (meistens Veilchenholz; Abb. 8), oder mit einstellbaren Abschrägungen, um zylindrisches Furnier herzustellen. Die Sägegeschwindigkeit und die Furnierdicke können geregelt werden. Im 18. Jahrhundert betrug die Dicke ungefähr 2 mm [3], heute im allgemeinen 1,2 mm. Das Furnier wird wie früher nach Gewicht verkauft. Der Restaurator pflegt zwei oder vier beim Sägen aufeinanderfolgende Furnierblätter zu kaufen, um symmetrische Motive ergänzen zu können.

Das Sägefurnier wird selten: Die Möbelfabrikanten verwenden es wenig und bilden keine genügend große Kundschaft. So gibt es denn auch in der Gegend von Paris nur noch eine Sägerei für solches Holz (mit zwei Sägen, während vor 1914 deren über hundert in Betrieb waren) und in Paris sehr wenige Geschäfte, die mit Sägefurnier handeln, deren Kundenkreis sich aber bis weit ins Ausland ausdehnt.

Manche Restauratoren sägen das Furnier selbst, von Hand oder mit einer Bandsäge, wenn sie nur ein geringes Quantum benötigen.

Das heute in der Fabrikation verwendete Furnier wird durch Schneiden oder Schälen erhalten. Das Holz wird zuerst gebrüht oder gedämpft, damit es sich besser schneiden läßt. Das sich auf und ab bewegende Messer der Schneidemaschine liefert quer zur Faserrichtung geschnittene Blätter, während in den Schälmaschinen eine parallel zur Achse des Stamms arbeitende Klinge das Holz etwa in der Art eines Bleistiftspitzers schält. Das geschnittene oder geschälte Furnier wird anschließend künstlich getrocknet. Aus mancherlei Gründen ist es nicht für antike Möbel verwendbar, obwohl es schon «Restauratoren» gegeben hat, die es auf Papier oder Karton aufklebten, um die fehlende Dicke auszugleichen; denn es ist in der Tat sehr dünn, kaum 0,6–0,7 mm, und je schöner das Holz ist, desto dünner schneidet man es. In der Restaurierung eingesetzt, würde ein solcher Span nach wenigen Monaten rissig. Wegen der Behandlung, der das Holz unterworfen wird, verändert sich seine Farbe. Außerdem kann man es nicht befriedigend einfärben, um den alten Farbton zu erzielen. Das gesägte Furnier ist teurer als das geschnittene oder

geschälte, aber es bewahrt seine Farbe, da es unbehandelt bleibt, und kann ohne Gefahr einer Durchlöcherung verarbeitet werden, was eine Zeitersparnis bedeutet.
Andererseits ist es oft schwierig, sich die Furniere zu beschaffen. Die von den Einlegern von einst verwendeten Holzarten sind zum Teil nicht mehr erhältlich. Wird dies dazu führen, daß auf die Restaurierung eines Möbels verzichtet werden muß? Im Bereich der einheimischen Hölzer sind gewisse Obstbaumhölzer kaum mehr aufzutreiben, und die gefärbten Hölzer stellen Probleme. So gibt es keinen grau gefärbten Ahorn mehr. Auf dem italienischen Markt findet sich noch grün und schwarz gefärbtes Holz, aber nur als geschnittenes Furnier. So muß der Restaurator selbst grün färben: etwa Birnbaum, Weißbuche, Platane, Sykomore. Indessen können gewisse Färbungen nicht mehr erzielt werden, weil die entsprechenden Verfahren verlorengegangen sind.[4]
Die meisten exotischen Hölzer kommen aus Südamerika – hauptsächlich Brasilien – und Afrika. Gewisse Arten wie das Amarantholz oder das Veilchenholz sind zwar noch erhältlich, aber nicht mehr in der früheren schönen Qualität, vor allem der guayanischen. Andere sind verschwunden, obwohl es sie noch gibt, weil der zu geringe Markt keine Ausbeutung mehr lohnt. Man findet kein Ambonholz mehr – das aus Asien, vermutlich den Molukken, eingeführt wurde – und keine Thujaknorren. Das Mahagoni aus Kuba – das schönste – wird schon seit langem nicht mehr ausgeführt: Was heute an Mahagoni auf den Markt kommt, stammt aus Mexiko, Honduras und Afrika. Das Ebenholz kommt aus Indien – das schönste – oder aus Gabun. Die Furniere werden flach gelagert, damit sie sich nicht werfen, und bedürfen einer gewissen Luftfeuchtigkeit, um nicht zu reißen.

DER LEIM

Der Restaurator verfügt über zwei Arten von Leim: den sogenannten Tischlerleim, einen natürlichen Leim aus Knochen oder Hautabfällen, der traditionell verwendet wird, und die synthetischen Leime (Abb. 9 und 10). Grundsätzlich läßt sich sagen, daß nur der erstere verwendet werden sollte.
Der Tischlerleim, im 18. und 19. Jahrhundert auch Englischer, Pariser oder Flandrischer Leim genannt, wird aus den gekochten Abfällen aus Schlachthäusern und Gerbereien hergestellt. Die Brühe wird filtriert, um sie zu homogenisieren, und erstarrt zu einer Gelatine, die in Tafeln geschnitten und auf Gittern getrocknet wird. Aus der Brühe macht man auch Leimperlen oder Leimkörner. Ein guter Leim muß durchsichtig sein und eine einheitliche Farbe aufweisen, im Wasser aufquellen und beim Kochen eindicken. Man unterscheidet zwischen Knochenleim und Leim aus Hautabfällen und Nerven. Ihre Eigenschaften ergänzen sich, und im allgemeinen verwendet man eine Mischung im Verhältnis von einer Tafel Hautleim zu zwei Tafeln Knochenleim. Es wird übrigens auch gemischter Leim hergestellt.
Man soll nie frischen Leim verwenden, dessen Klebkraft unzureichend ist, sondern einen seit mehreren Monaten wie folgt zubereiteten Leim: Die in Stücke zerbrochenen Tafeln werden in einem Kupfergefäß eine Nacht lang in kaltem Wasser eingeweicht. Für Leimperlen genügen zwanzig bis dreißig Minuten. Der Leim quillt und saugt ein gewisses Quantum Wasser auf. Das überschüssige Wasser wird weggeschüttet und der Leim im Was-

serbad vier Stunden lang erhitzt und abgeschäumt, ohne zu kochen, damit er schmilzt. Wenn er eine gelatinöse Konsistenz erlangt hat, wird er in Formen gegossen, getrocknet und zu Blöcken geschnitten. Der Tischlerleim wird heiß verwendet. Vor dem Gebrauch gibt man das ungefähr für eine Woche benötigte Quantum Leim in den Leimtopf (Abb. 10) und läßt es im Wasserbad schmelzen. Zu große Hitze oder zu häufiges Erhitzen verderben den Leim ziemlich rasch: Wenn er schwarz zu werden beginnt, wirft man ihn fort.

Wann immer möglich soll der Leim auf beide zu leimenden Flächen aufgetragen werden. Im Augenblick des Presssens muß der Leim noch warm sein oder gewärmt werden, sonst bleibt das Ergebnis ungenügend. Wenn ein Verband geleimt wird, hält man deshalb die Wärme mit einer Lötlampe aufrecht, und beim Furnieren erwärmt man den Leim mit dem Furniereisen oder einer heißen Platte (vgl. S. 63 bis 65). Der erstarrende Leim wird dank der Wärme wieder weich. Das Hartwerden des Leims, das die zu leimenden Flächen fest miteinander verbindet, erfolgt im Verlauf des allmählichen Erkaltens. Obgleich der Leim schnell haftet, muß mindestens zwölf Stunden lang gepreßt werden.

Der Tischlerleim besitzt den unschätzbaren Vorteil, daß er Korrekturen erlaubt: Wenn im Verlauf einer Restaurierung festgestellt wird, daß ein Teil schlecht geleimt ist, hat man immer noch die Möglichkeit, den Leim zu wärmen und den Verband zu berichtigen. Wenn ein Furnier neu geleimt wird, kann der

9
Leim. Oben: helle, durchsichtige Tafeln Knochenleim. Mitte: Tafeln Hautleim (Givet-Leim), die kleiner sind und auf engeren Gittern trocknen; der Leim ist brauner und trüber. Unten links: Tafel Mischleim. Unten rechts: Leimperlen.

10
Kupferner Leimkessel. Er besteht aus zwei Teilen, dem Leimtopf und dem darunter befindlichen Wasserbad.

alte Leim zuweilen erneut benutzt werden, indem man ihn mit einem feuchten Lappen und heißen Eisen erwärmt (vgl. S. 63). Das Ergebnis des Leimens ist also nicht endgültig: Zwei mit Tischlerleim verbundene Teile können jederzeit von späteren Restauratoren zum Zwecke einer Ausbesserung entweder mit Alkohol oder mit feuchtem Lappen und heißem Eisen wieder losgeleimt werden; das geschieht so schnell, daß das Holz nicht unter der flüchtigen Befeuchtung leidet.

Es ist schade, daß manche Restauratoren auf den Tischlerleim verzichten, weil man ihn erst zubereiten und dann rasch und unter Zuhilfenahme von Wärmequellen anwenden muß. Ferner gibt es Beschaffungsschwierigkeiten. Heutzutage bleibt die

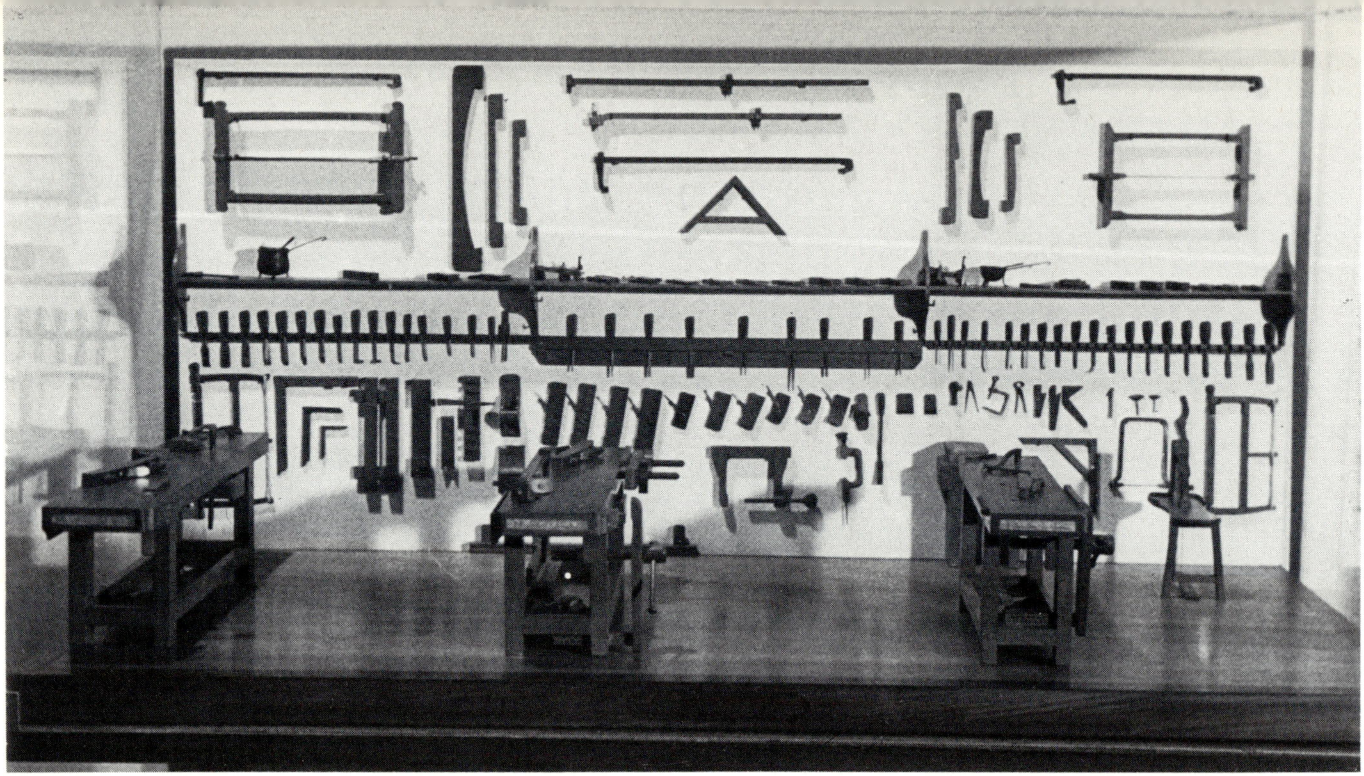

11
Gebrüder Périer: Modell einer Tischlerwerkstatt, die von Madame de Genlis für die Erziehung der Kinder des Herzogs von Orléans in Auftrag gegeben wurde. Paris, um 1783 (H. 0,42 m, Br. 0,87 m, T. 0,43 m). Oben links und rechts: Längssäge. Unten rechts: Schraubstock für Einlegearbeiten. (Paris, Musée du Conservatoire national des Arts et Métiers)

Gelatine in erster Linie den Lebensmitteln und der Photoindustrie vorbehalten. Der Tischlerleim, den man sozusagen nur noch in Form von Perlen oder Körnern findet, besitzt nicht mehr die frühere Klebkraft. Wie im Falle des gesägten Furniers zehren viele Restauratoren von einem alten Leimvorrat.

Der FISCHLEIM wird aus Häuten, Gräten und Schwimmblasen gewisser Fische hergestellt und dient heute noch hie und da besonders für das Leimen von Verbänden. Er wird kalt oder warm verwendet und braucht sehr lange (einen oder mehrere Tage), um hart zu werden; auch hier ist die Qualität schlechter und die Beschaffung schwieriger geworden.

Diese Schwierigkeiten haben manche Restauratoren zur Verwendung von KUNSTHARZLEIMEN bewogen, die eine sehr hohe Klebkraft besitzen. Die Vinylleime wie das auf Azetat und Polyvinyl aufgebaute Alcamer finden sich gebrauchsfertig als weiße Flüssigkeit im Handel und heißen bei den Tischlern weiße Leime. Sie werden kalt angewendet und lassen einem mehr Zeit, um die Einzelteile richtig zusammenzupassen. Das Hartwerden erfolgt durch Ausscheidung der in diesen Leimen enthaltenen Lösungsmittel während einer kurzen, nur wenige (aber mindestens zwei) Stunden dauernden Preßzeit. Die Anhänger dieser Leime sind der Ansicht, sie

12
Louis-Edme Fernon, Kunsttischler in Tonnerre: Modell einer Tischlerwerkstatt, 1821 (H. 0,38 m, Br. 0,43 m, T. 0,20 m). Oben links: hölzerne Handpressen. Auf der Hobelbank befinden sich Rauhbank, Hobel, Leimtopf und Wasserwaage. (Tonnerre, Musée Municipal)

seien den heutigen Lebensbedingungen besser angepaßt als der Tischlerleim. Aber obschon sie poröse Hölzer wie Mahagoni und Satinholz befriedigend leimen, sind sie weniger wirksam bei den fetten Hölzern – Rosen-, Veilchen-, Amarant- und Palisanderholz –, die bei antiken Möbeln häufig vorkommen. Es sind saure Leime – was unheilvolle Folgen haben kann – und zudem sehr feuchtigkeitsempfindlich. Die zum Färben der neuen Furnierteile benutzten Säuren greifen die weißen Leime stärker an als den Knochenleim und vermindern ihr Haftvermögen. Der Vinylleim kann nicht für das stückchenweise Neuleimen mit dem Hammer verwendet werden (vgl. S. 63). Gewisse Restauratoren sind auch versucht, Epoxidleime von der Art des Araldit zu benutzen, die aus einem Harz und einem Härter bestehen, eher schweißen als leimen und die verschiedensten Stoffe miteinander verbinden können. Die synthetischen Leime sind ihres endgültigen Charakters wegen verderblich. Ein eventuell nötiges Losleimen ist äußerst schwierig und geschieht nur auf Kosten des Möbels. Es zwingt den Restaurator, das Holz anzufeuchten, das Furnier oder die Verbände zu beschädigen und somit bis dahin noch vorhandene Teile neu zu machen.

DIE HEUTIGEN PRODUKTE

Es ist indessen nicht unsere Absicht, alle neuen Produkte systematisch schlecht zu machen, wenn sie die Arbeit gefahrlos erleichtern können. Es gibt Restauratoren, die mit einigen dieser Produkte zufrieden sind, weil sie es verstanden haben, deren Verwendung an die Erfordernisse der Restaurierung anzupassen. Aber es empfiehlt sich, zuerst einen Versuch zu unternehmen und Neuerungen nur umsichtig einzuführen. Der Vinylleim zum Beispiel kann zum Leimen nicht eisenhaltiger Metalle dienen (vgl. S. 96) oder zum Ansetzen eines Stücks, das mit keiner Fuge verbunden ist und somit nie mehr losgeleimt werden muß. Auch die Holzpasten sind sehr nützlich.

Werkzeug

Das Restaurieren ist ein Hand-Werk: Es ist für den Restaurator oft einfacher, eine Arbeit von Hand auszuführen, als eine Maschine in Betrieb zu neh-

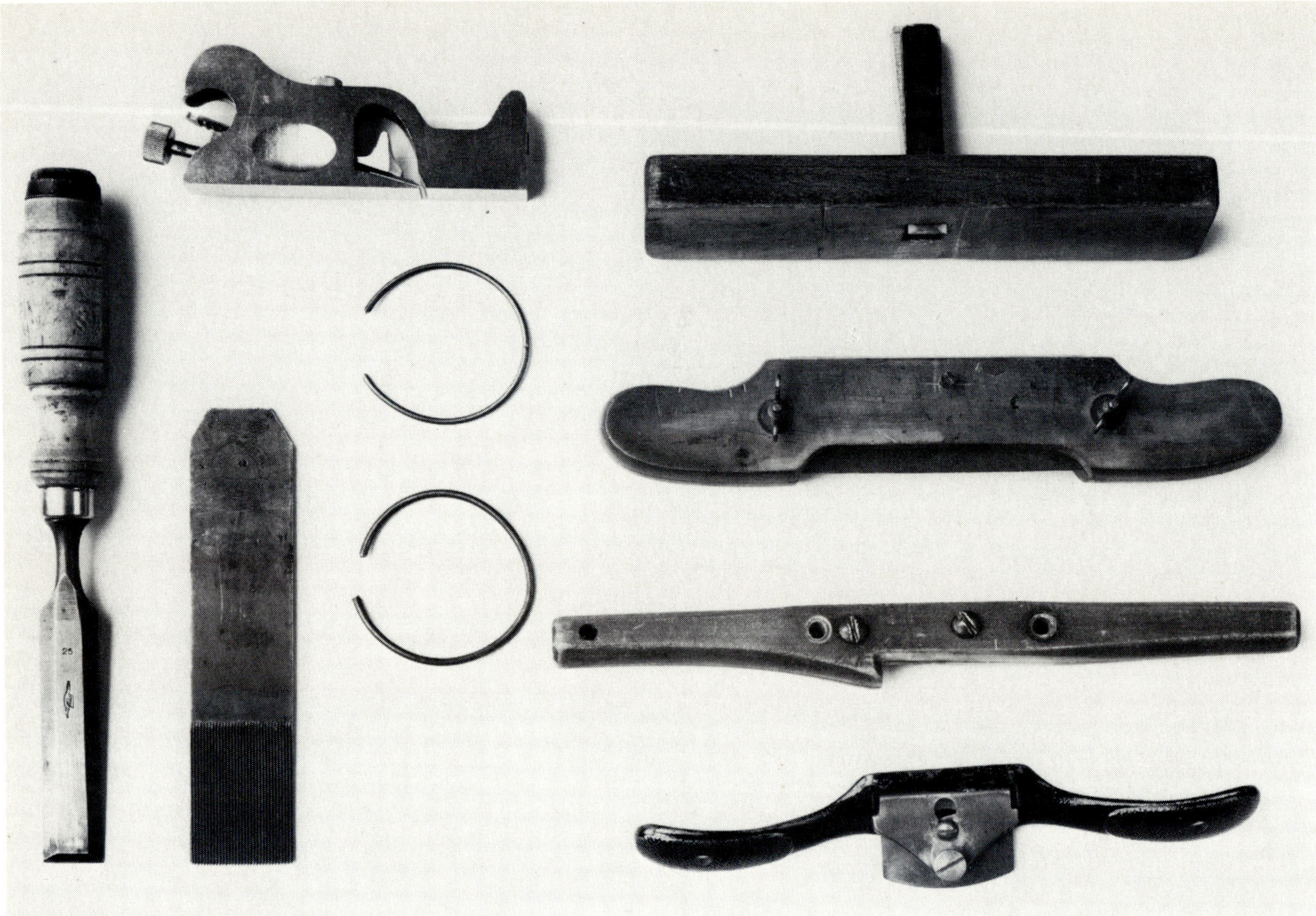

13
Verschiedenerlei Werkzeug. Von links nach rechts und von oben nach unten: Stechbeitel; Falzhobel, dessen Eisen die ganze Breite einnimmt; Eisen eines Zahnhobels; Federn, die in Frankreich «Taugenichtse» heißen und dazu dienen, die geleimten Flächen zusammenzupressen; Nuthobel zum Abgleichen der Vertiefungen der Einschnitte; Kratzeisen; Leistenhobel für die Rahmen- und Zierleisten (man legt ein entsprechendes Eisen in den Kasten ein); Schabhobel, ein zweigriffiger Hobel.

men. Aber auch das Werkzeug (Abb. 11 bis 13) bringt Probleme: Manches Werkzeug wird nicht mehr hergestellt und muß aus zweiter Hand erworben werden, andere muß man importieren. Bestimmte Schnitzwerkzeuge werden nicht mehr in allen Ländern hergestellt und müssen eingeführt werden, ebenso die dreikantigen Feilen zum Schleifen der Zähne der Laubsägen.

Ursachen der Schäden

Die Schäden rühren hauptsächlich vom Holz selbst her, aber auch von Fabrikationsfehlern, vernachlässigtem Unterhalt und verderblichen Restaurierungen.
Das Holz ist wie Papier, Baumwolle oder Tabak ein hygroskopisches Material, das heißt, daß es je nach der herrschenden Luftfeuchtigkeit entweder Feuchtigkeit abgibt oder aufnimmt. Das Holz besteht aus aneinanderliegenden Zellen, die bei den Nadelhölzern Tracheiden heißen und dem Holz seine Festigkeit geben und das Wasser leiten. Die komplexeren Zellen der Laubhölzer bestehen insbesondere aus den Fasern, die für die Festigkeit sorgen, und den Gefäßen, die das Wasser leiten und bei verschiedenen Arten von bloßem Auge als eine Art Poren erkennbar sind.[1] Das Holz enthält stets ein gewisses Wasservolumen innerhalb der Zellen (freies Wasser) oder in den Zellwänden (Imprägnationswasser). Der Wassergehalt wird in Prozenten des Trockengewichts des Holzes ausgedrückt. Nachdem der Baum gefällt und geschnitten ist, verdunstet das freie Wasser im Verlauf des natürlichen Trocknens. Dann wird der «Sättigungspunkt der Faser» erreicht, der einer Holzfeuchtigkeit von ungefähr 30% entspricht. Das Holz arbeitet noch nicht. Unterhalb dieses Gehalts beginnt das Imprägnationswasser seinerseits zu verdunsten, und das Holz trocknet weiter, bis es den sogenannten «lufttrockenen» Zustand erreicht, ein Gleichgewicht zwischen dem eigenen Feuchtigkeitsgehalt und jenem der herrschenden Atmosphäre. Dieses Gleichgewicht der Feuchtigkeit oder hygroskopische Gleichgewicht beträgt in Europa im Mittel 15%. Aber jeder Art Atmosphäre, die sich durch eine Temperatur und einen Grad der Luftfeuchtigkeit kennzeichnet, entspricht ein Feuchtigkeitsgehalt des Holzes: Wenn die Atmosphäre sich verändert, paßt das Holz sich an und stellt das Feuchtigkeitsgleichgewicht wieder her.
Wenn nun das in den Zellwänden enthaltene Wasser unter dem Einfluß der Trockenheit verdunstet, ziehen die Membranen sich zusammen. Die Summe dieser Vorgänge bildet die gesamte Schrumpfung des Holzes, dessen Ausmaße sich ändern. Es zieht sich in der Querrichtung zusammen, nicht in der Längsrichtung, und tangential ungefähr doppelt so

stark wie radial (vgl. Schema 13). Die ungleiche Verteilung der Zusammenziehung erklärt die Deformierungen: Ein gegen das Herz des Baumes geschnittenes Brett (Radialschnitt) zieht sich zusammen, ohne sich zu deformieren; ein tangential geschnittenes Brett (Bohlenschnitt) wölbt sich, weil es an den Rändern stärker austrocknet (vgl. Schema 14). Wenn das Holz hingegen Feuuchtigkeit aufnimmt, quillt es. Diese Erscheinungen bilden das Werfen oder Arbeiten des Holzes. Ein Holz ist nie stabilisiert, sondern arbeitet weiter, wenn sein Milieu sich verändert. Die Zusammenziehbarkeit des Holzes ist je nach der Art verschieden, besonders stark bei harten Laubhölzern – der Eiche mehr als der Buche –, mittelmäßig bei den Nadelhölzern und schwach bei Nußbaum und Mahagoni. Das Zusammenziehen kann Risse oder Sprünge hervorrufen.

Bei einem Möbel wird der Feuchtigkeitsaustausch durch den von Bemalung oder Firnis gewährten Schutz verlangsamt, aber das genügt nicht. Im Winter pflegte das Holz in den früheren Häusern zu «atmen», indem es sich nachts ausdehnte und am Tag bei den höheren Temperaturen zusammenzog; das Holzfeuer gibt immer ein wenig vom Saft herrührende Feuchtigkeit ab, auch wenn das Holz trocken ist. Heute ist das Holz der gleichmäßigen Wärme der Zentralheizung ausgesetzt und zieht sich unablässig zusammen. Die Bodenheizung ist ganz besonders verderblich. In dieser sehr trockenen Umgebung mit einer mittleren Temperatur von 22° und einer Luftfeuchtigkeit zwischen 30 und 40% kann der Feuchtigkeitsgehalt eines Möbels bis auf 6 oder 7% fallen. Im Sommer dringt die Luft von draußen durch die offenen Fenster und schafft eine etwas feuchtere Atmosphäre, die dem Holz 12 bis 13% Feuchtigkeit bringt. In den heutigen Wohnungen arbeitet das Holz somit ununterbrochen. Während die im modernen Möbelbau verwendeten Hölzer dank der künstlichen Trocknung einen geringen Feuchtigkeitsgehalt besitzen (8 bis 10%), den das herkömmliche Lufttrocknen nicht zu erreichen erlaubt, sind die antiken Möbel selbstverständlich nicht fähig, solchen Schwankungen standzuhalten. Eben deshalb nehmen sie wie bereits gesagt vor allem seit dem 20. Jahrhundert Schaden. Wenn das Holz nicht geleimt ist – im Fall von Verbänden mit Feder und Nut –, kann es sich frei bewegen; aber wenn sein Spiel behindert ist, entwickeln gewisse Hölzer genügend Kraft, um die geleimten Verbände zu sprengen. Die Holznägel, die zuweilen verschiedene Teile zusammenhalten, können herausfallen, wenn sie austrocknen. Ein Möbelstück ist manchmal auf einer Seite stärker beschädigt, weil sie einem Fenster oder einem Heizkörper zugekehrt war.

Außerdem kann das Holz Fehler aufweisen, die seinen Zusammenhalt schwächen: so können innere Risse – als Folge des Fällens – und Äste – die Spuren der Ansätze der Zweige, die sich weniger zusammenziehen – auf dem Blindholz der furnierten Möbel zutage treten. Und schließlich kann das Holz von Parasiten befallen werden (vgl. S. 30).

Natürlich kann auch eine qualitativ schlechte Herstellung für die Zukunft des Möbels schwerwiegende Folgen haben. Die antiken Möbel sind zwar oft ein wenig prätentiös, aber manchmal nicht sehr solide ausgeführt, was schon sehr früh zu ein wenig übertriebenen Klagen Anlaß gibt. Roubo wirft den Möbelschreinern seiner Zeit vor, auf ihre Arbeit «so wenig Arbeitsaufwand und Material wie nur möglich» zu verwenden[2], und wenig später greift

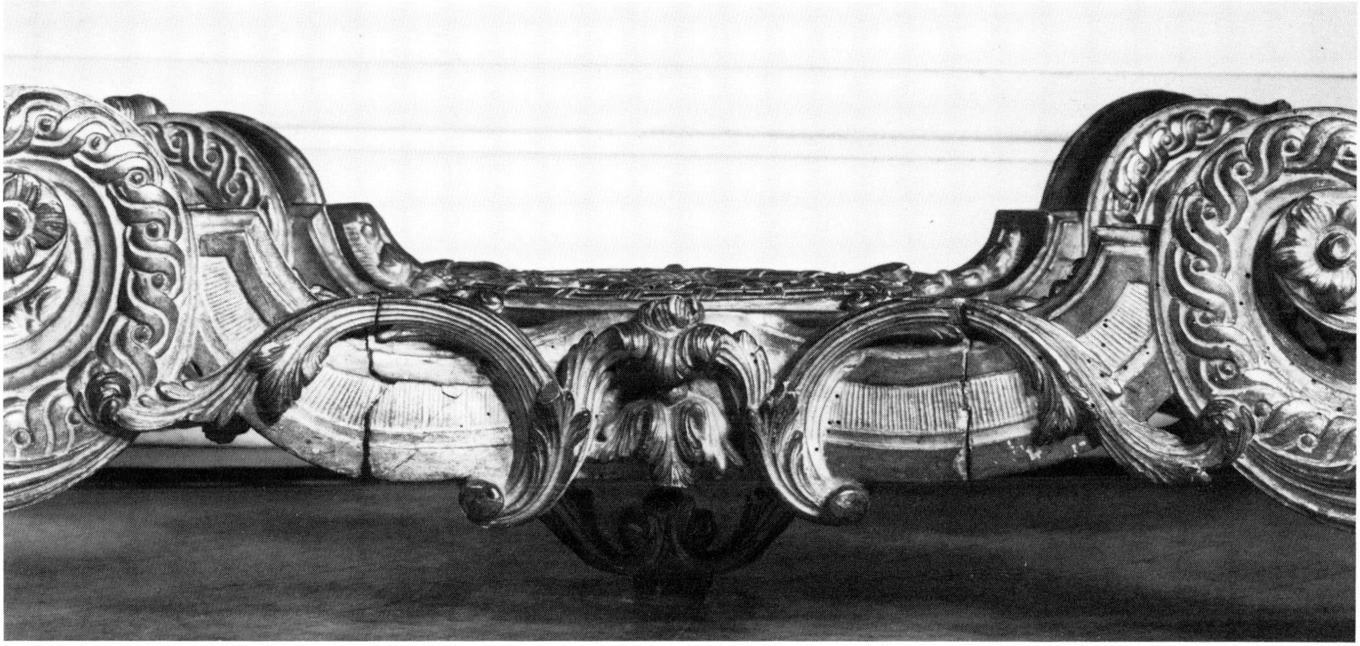

14
Ein häufiger Unfall: Das Querholz einer Konsole reißt unter dem Gewicht des mittleren Teils.

Mercier erbittert die Pariser Möbelhändler an: «Da verkauft Ihnen einer einen Schreibtisch, der nach drei Wochen aus dem Leim geht; Sie besitzen einen Schrank: warten Sie das Monatsende ab; er wird seine Tafeln einzeln fallen lassen. Es gibt Möbel, die aus ihrer Werkstatt kommen und nichts als Schemen sind & die nach zwanzig Tagen hinkfüßig, hinfällig und wurmstichig sind»[3]. Unter dem Zweiten Kaiserreich nimmt Burty diese verärgerten Bemerkungen auf und kritisiert die Herstellung der Möbel seiner Zeit: «Überhaupt trägt alles dazu bei, eine ständige Verschlechterung in der Fabrikation herbeizuführen: Die neuen Gesetze der billigen Ware, die tyrannisch sogar die notwendigsten Gegenstände beherrschen; die Schnelligkeit der Anfertigung, die vom Fieber des modernen Lebens aufgezwungen wird; die mindere Qualität der heutigen Hölzer, die aus weniger alten Bäumen geschnitten werden und weniger lange in den Lagern der gesunden Wirkung eines fortschreitenden Trocknens ausgesetzt bleiben»[4].
Nachher verschlimmert die Nachlässigkeit weitere Schäden, die durch den täglichen Gebrauch verursacht werden, durch Umzüge und falsche Pflege, durch die Entwicklung des Geschmacks, der bestimmte Möbel verbannt, durch schlechte Standortbedingungen, wenn das Möbel zum Beispiel lange Zeit der bleichenden Wirkung der Sonne ausgesetzt bleibt oder jener des Mondes.[5]
Ohne nochmals auf die absichtlichen Verstümmelungen zurückzukommen, die Form und Zweckbestimmung des Möbels änderten, um ihm eine der Mode angepaßte Nützlichkeit zu verleihen oder

einfach, weil man es nicht zu reparieren verstand, muß doch betont werden, daß die Schäden, die sich am schlechtesten beheben lassen, von den früheren Reparaturen herrühren; aber auch vom Flickwerk der Dilettanten in der Art jenes Bedienten, der eben eine Stutzuhr hat fallen lassen: «Nur ein kleiner Amor hat verkrümmte Beine, aber das läßt sich mit einem ordentlichen Hammerschlag schon arrangieren»[6]; aber auch von den Restaurierungen durch schlechte Handwerker, die bald gefährlich verfuhren, indem sie übertrieben mit Kali abbeizten oder das Furnier abkratzten (vgl. S. 36 und 71), bald plump, indem sie etwa Stücke aus einem fremden Holz einsetzten (vgl. Abb. 34) oder an einer Kommode die Unterseite des Beins abhobelten, das sich weniger zusammengezogen hatte als das übrige Möbel, und damit manchmal den Stempel zum Verschwinden brachten.

Aus solchen Gründen kommt ein Möbel in die Werkstatt des Restaurators. Die Schäden sind verschieden, je nachdem, ob es sich um ein massives oder ein furniertes Möbel handelt. Die massiven Möbel sind häufiger dem Wurmfraß ausgesetzt. Sitzmöbel, die strapaziert und deshalb sehr häufig neu bezogen werden, leiden ganz besonders. Vor dem Restaurieren läßt man den Bezug durch einen Tapezierer abnehmen; er muß darauf achten, keine Nägel zurückzulassen, denn wenn man beim Neubeziehen auf einen solchen Nagel stößt, kann er das Holz sprengen.

Das Blindholz eines furnierten Möbels bedarf zur Reparatur einer Tischlerarbeit wie ein massives Möbel; aber wenn das letztere in Naturholz belassen wird, ist es schwieriger unauffällig zu restaurieren als ein furniertes Möbel.

Der Restaurator arbeitet in einer Werkstatt bei 18–20° und bei Tageslicht, um die Farbe des Holzes besser beurteilen zu können. Wenn ein furniertes Möbel gelegt werden muß, wird das Furnier selbstverständlich durch einen Teppich, ein sauberes Tuch oder überzogene Klötze vom Boden isoliert. Ein frisch gefirnißtes Möbel muß vor Stößen bewahrt werden, indem man es zum Beispiel mit einer Wolldecke umgibt. Sooft ein heikles Problem auftaucht, besonders beim Abschleifen und Einfärben, empfiehlt es sich, zuerst einen Versuch zu machen.

Behandlung von Holzfäule und Wurmfraß

Mancherlei Zerstörer bedrohen das Holz mit Fäule und Wurmfraß. Das Splintholz, diese weiche Schicht unter der Rinde, ist besonders anfällig.

Die Fäule wird durch Pilze hervorgerufen, unter denen der häufigste und gefährlichste ein Löcherpilz ist, der Hausschwamm, der sich von den Zellmembranen des Holzes ernährt und es so allmählich zersetzt. Da dieser Parasit zu seinem Gedeihen einer gewissen Feuchtigkeit bedarf, entwickelt die Fäule sich vor allem in einer feuchten Umgebung.

Der Wurmfraß wird von Insekten hervorgerufen, die heute weiter verbreitet scheinen als früher: verschiedene kleine Käfer und Termiten. Unter den ersteren finden sich in den Möbeln am häufigsten die Bohrkäfer, die zur Familie der Anobiiden gehören. Gewisse Arten dieser Insektengruppe greifen nur Hölzer an, die zuvor von einem Pilz befallen wurden. Andere bohren sich in gesunde Hölzer so ziemlich aller Arten, aber mit einer Vorliebe für die Obstbaumhölzer, den Nußbaum und die Buche; sie machen nur vor dem kubanischen Mahagoni Halt, nicht aber vor den anderen Mahagoniarten. Die Bohrkäfer sind 2 bis 7 mm lang und können drei bis vier Jahre leben. Sie legen ihre Eier von Mai bis September an der Oberfläche des Holzes und in Fugen und Rissen. Wenig später schlüpfen die Larven aus, die sich vom Holz nähren und in seinem Inneren mit Sägemehl gefüllte Gänge bohren. Von außen läßt der Befall sich nicht erkennen. Sie verpuppen sich nahe der Oberfläche, die das erwachsene Tier im folgenden Frühjahr durchbohrt. Aus dem runden, 1 bis 4 mm großen sogenannten Wurmloch oder Insektenstich rieselt Sägemehl und erlaubt nun, vom Befall Kenntnis zu nehmen. Während ein Möbelstück mit Wurmlöchern vielleicht keine Insekten mehr beherbergt, kann ein scheinbar gesundes Möbel bereits befallen sein. Die Bohrkäfer legen oft auf demselben Möbel, das sie eben verlassen haben, in ihrem Ausschlüpfloch oder seiner unmittelbaren Nähe. Sie sind in der Tat wenig wanderlustig, und das erklärt die stetige Verschlimmerung der Schäden an ein und demselben Möbel und die Ansteckung anderer, die sich in der Nähe befinden.

Andere Käfer mit ähnlichen Sitten sind ebenfalls verderblich. Die Lyctidae werden nur von Holz mit großen Gefäßen angezogen wie etwa der Eiche, denn sie legen ihre Eier in diese Gefäße. Der Hausbock, dessen Entwicklung von der Hitze und Trockenheit begünstigt wird, bevorzugt die Nadelhölzer. Seine Larven verursachen beim Bohren ein vernehmbares Geräusch. Das erwachsene Insekt lebt weiter im Holz, zumeist ohne daß der Befall von außen erkennbar wäre.

Das gleiche gilt für das von Termiten befallene Holz. Die Termiten sind nicht eigentlich Holzinsekten, aber sie ernähren sich vor allem von zellulosehaltigen Stoffen und finden das Notwendige besonders im Holz, wo sie sägemehlfreie Gänge bohren. Es sind Insekten heißer Landstriche, aber sie haben sich – vermutlich infolge der allgemeinen Erwärmung, die seit über fünfzig Jahren beobachtet wird – auch in verschiedenen Gegenden Europas akklimatisiert: Stadtteile von Hamburg und Paris, Süd- und Südwestfrankreich.

Die Behandlung der Fäule und des Wurmfraßes umfaßt drei Aspekte: Desinfizieren, Konsolidieren, Vorbeugen.

15
Von Bohrkäfern befallener Arm eines Sitzmöbels. Das in die Löcher eingespritzte Insektizid hat Flecken um die Öffnungen zurückgelassen.

DESINFIZIEREN

Selbstverständlich muß schon wegen der Ansteckungsgefahr jedes befallene Möbel sofort behandelt werden. Es gibt kein ideales und endgültiges Heilmittel. Zur Zeit werden verschiedene Behandlungsmethoden empfohlen: mit handelsüblichen Insektenvertilgungsmitteln, Formol, Gasimprägnierung, Bestrahlung oder, wenn eine Konsolidierung erforderlich ist, Infiltrierung eines Kunstharzes.

Insektenvertilgungsmittel

Die im Handel befindlichen flüssigen Insektizide von der Art des Xylamon sind Chlorderivate[7] und werden mit dem Pinsel aufgetragen oder in die Löcher eingespritzt[8]. Es empfiehlt sich, zwischen Oktober und April zu behandeln, wenn die Insekten im Zustand der Larve oder Puppe sind. Diese Behandlung hat mehrere Nachteile. Eine Fläche darf nicht bepinselt werden, ehe geleimt wurde, weil der Leim nicht mehr haften würde. Die klebrigen Insektizide fetten und dunkeln das Holz. Wenn man sie einspritzt, hinterlassen sie leicht Ringe rings um die Löcher (Abb. 15): Man muß deshalb jedes Austreten vermeiden oder sofort abwischen. Die Flecken können mehrere Jahre bestehen, aber mit der Zeit verdunsten sie.
Es empfiehlt sich deshalb, diese Mittel nur auf den unsichtbaren Teilen eines Möbels zu verwenden – Rückseite, Unterseite, innen – oder bei einem zerlegten Möbel auf den Teilen, die beim Zusammensetzen verborgen werden. Das übrige Möbel wird von den ausströmenden Dämpfen imprägniert. Es ist besser, das Produkt erst in die Löcher einzuspritzen und dann die betreffenden Flächen zu bepinseln; aber wenn ein Restaurator es eilig hat, begnügt er sich manchmal mit dem Bepinseln. Die Behandlung sollte zwei oder drei Jahre lang regelmäßig durchgeführt werden, um dauerhafte Ergebnisse zu erzielen.

Formol

Es gibt Restauratoren, die eher Formol empfehlen, eine stark riechende Flüssigkeit, die jedoch keine Flecken hinterläßt. Man behandelt ebenfalls mit Pinsel oder Spritze und kann auch das Furnier bepinseln. Der Geruch verflüchtigt sich schnell.
Die anderen, verhälnismäßig neuen Methoden sind Anpassungen industrieller Verfahren an die Behandlung von Kunstwerken.

Gasimprägnierung

Es gibt sehr toxische Gase, die mit größter Vorsicht zu verwenden sind. Sie dienen in großem Maßstab zur Desinfektion und können bei Möbeln Anwendung finden. Die Operation findet in einer Gaskammer statt, in die das für den Menschen besonders gefährliche Methylbromid oder Äthylenoxyd einströmt. Diese rasche Heilmethode schützt indessen nicht vor einem späteren Befall.

Bestrahlung

Die Sterilisierung mit den tief eindringenden Röntgenstrahlen zerstört alle Lebewesen. Diese Eigenschaft wird zum Beispiel zum Sterilisieren medizinischer Instrumente benutzt. Das befallene Möbel wird mitsamt seiner Verpackung ungefähr eine Stunde lang der Bestrahlung ausgesetzt, die Pilze, Eier, Larven und Insekten vernichtet. Das Verfahren hat den Vorteil, das Holz ohne Eindringen chemischer Substanzen zu desinfizieren; indessen scheint es für die Struktur des Materials selbst gefährlich zu sein.

KONSOLIDIERUNG

Wenn das Holz sehr mitgenommen ist, muß es nach der Behandlung konsolidiert werden. Dann ist es schwierig, die Regel der reversiblen Verfahren zu befolgen.

Früher wurden die Vertiefungen im Holz mit natürlichen Konsolidierungsmitteln ausgefüllt: Wachs oder eine Mischung aus Tischlerleim und Schlämmkreide. Aber auf Grund der Forschungen der letzten Jahre werden jetzt Kunstharze angeboten, die gleichzeitig die Parasiten töten und das Holz festigen. Man verwendet sie für archäologische Gegenstände, mit Wasser durchtränkte Hölzer, Holzskulpturen und gegebenenfalls auch Möbel. Nach der Behandlung besitzt der Gegenstand nicht nur ein beträchtlich größeres Gewicht, sondern auch eine bedeutend bessere Festigkeit und läuft vielleicht weniger Gefahr, erneut befallen zu werden, weil der Kunststoff ihm mehr Härte verleiht. Es gibt zwei Möglichkeiten des Vorgehens.

Im ersten Fall wird das Harz[9] mit einem Lösungsmittel in die Wurmlöcher eingespritzt oder – um besser dosieren zu können – eingetropft. Es ist in der Tat sehr wichtig, so wenig wie möglich zu imprägnieren, damit das Holz seine Struktur und Geschmeidigkeit bewahrt und nicht zum Kunststoff wird. Das an die Oberfläche des Möbels tretende Harz wird mit dem Lösungsmittel entfernt. Nach Beendigung der sehr langwierigen Behandlung läßt man das Lösungsmittel mehrere Wochen lang verdunsten; das Harz wird hart und versteift das Holz. Wenn die Imprägnierung vernünftig durchgeführt wurde, kann das Holz anschließend normal bearbeitet und restauriert werden. Was die Vergoldung und Bemalung betrifft, so dient das Harz als Leim, der die Grundierung und die Splitter befestigt, und scheint keinen Einfluß auf die Farben des bemalten Holzes zu haben.

Das zweite, vom Centre d'Etudes nucléaires in Grenoble ausgearbeitete Verfahren ist hingegen schnell; es wird auch für Stein verwendet und besteht aus zwei Phasen. Das Möbel oder Teilstück eines Möbels wird gereinigt, im Falle eines Sitzmöbels auch abgezogen, und darf keine Verleimung mit Vinylleim aufweisen, weil er aufgelöst würde; man verbringt es in einen luftleeren zylindrischen, vollkommen dichten, 3,20 m langen Behälter mit einem Durchmesser von 0,80 m und füllt diesen mit einem Harzbad, das den ganzen Gegenstand bedeckt und durch die Poren und Gänge tief in das Holz eindringt. Nach mehrstündigem Imprägnieren wird der Behälter geleert. Anschließend wird das Harz in einer Bestrahlungskammer mit einer härtenden Bestrahlung fixiert, bis es erstarrt. Dieser zweite Vorgang dauert ebenfalls mehrere Stunden. Das Gewicht des Gegenstands kann sich im Verlauf der Behandlung verdoppeln. Das Material fühlt sich jetzt nicht mehr wie Holz an und kann nicht mit dem gewöhnlichen Werkzeug bearbeitet werden. Es ist sehr schwierig, auf einem Sitzmöbel Nägel einzuschlagen, um es zu beziehen. Da die Farbe der natürlichen oder furnierten Oberfläche dunkler wird und das Holz sich zusammenzieht und so die Vergoldung oder Bemalung rissig werden läßt, ist das Verfahren nicht auf vergoldete oder bemalte Möbel anwendbar, zumal es auch keine Splitter befestigt. Die Nachteile des Verfahrens für die Behandlung von Möbeln machen es notwendig, seine Anwendung auf Stücke aus nicht weiter bearbeitetem Holz in hoffnungslosem Zustand zu beschränken.

Die mit modernen wissenschaftlichen Methoden

behandelten Möbel müssen anschließend besonders überwacht werden. Das imprägnierte Holz ist nicht endgültig stabilisiert, sondern bleibt für klimatische Veränderungen empfindlich; aber da es vom Kunststoff blockiert wird, kann es nicht mehr unbehindert arbeiten. So haben wir ein heterogenes Material vor uns, dessen Verhalten unvorhersehbar ist. Es ist deshalb noch dringender notwendig als bei unbehandelten Hölzern, für gleichbleibende atmosphärische Bedingungen zu sorgen.

Es stimmt, daß die Harze auf beeindruckende Weise eine augenblickliche Rettung eines Gegenstands ermöglichen; aber man darf sich nicht blind begeistern: Ihre Anwendung muß vorerst noch Ausnahmen vorbehalten bleiben. Eine systematische Verbreitung ist erst möglich, wenn jahrelange Erfahrungen erlaubt haben, ihre Folgen zu kennen.

VORBEUGEN

Das Wachs oder der Firnis, mit dem die Möbel zumeist überzogen sind, bildet bereits einen Schutz. Die gewichsten oder gefirnißten Möbel, deren Poren verstopft sind, können nicht von den Lyctidae (vgl. S. 31) angegriffen werden. Man verstärkt die Vorbeugungsmaßnahmen mit den handelsüblichen Insektiziden, die zwar als Heilmittel manchmal nicht genügen, aber ausgezeichnete Vorbeugungsmittel sind. Wenn vor dem Ausschwärmen im Februar–März behandelt wird, stoßen die im Holz ausgeschlüpften Insekten bei ihrem Durchbruch ins Freie auf die Insektizidsperre und sterben innerhalb weniger Stunden. Die Behandlung kann alle zwei oder drei Jahre wiederholt werden. An manchen Orten (Lager der Museen) ist es auch nützlich, Paradichlorbenzol zu verwenden.

DIE TISCHLERARBEIT

Abbeizen der Vergoldung und der Bemalung

Die Restaurierung zwingt oft dazu, von der Oberfläche des Möbels die Schicht abzubeizen, die es zu seiner Verzierung oder seinem Schutz erhalten hat. Das Abbeizen (Abb. 67) verfolgt nicht immer den gleichen Zweck und findet nicht unbedingt bei allen Möbeln in der gleichen Phase der Restaurierung statt. Die furnierten Möbel werden eher nach ihrer Konsolidierung abgebeizt (vgl. S. 54). Wenn hingegen bei massiven, vergoldeten oder bemalten Hölzern ein feuchtes Abbeizmittel verwendet werden muß, das Gefahr läuft, das Holz zum Schwellen zu bringen und den Leim in den Fugen zu lösen, wird die Operation vor dem Neuleimen oder dem Einsetzen von Stücken vorgenommen. Man entschließt sich nur in ganz bestimmten Fällen zum Abbeizen (vgl. S. 100), entweder um ein Holz bloßzulegen, das mit einer künstlerisch wertlosen modernen Vergoldung oder Bemalung verziert war, oder um die ursprüngliche Vergoldung oder Bemalung wiederzufinden, die mit späteren Schichten überzogen wurde; in solchen Fällen ist für die Behandlung ganz besondere Vorsicht geboten. Nur ein Fachmann kann entscheiden, welche Lösung vorzuziehen ist.

MECHANISCHES ABTRAGEN

Diese langwierige und peinliche Sorgfalt erfordernde Arbeit wird mit dem Profiliereisen durchgeführt (Abb. 71). Sie erlaubt, eine ehemalige Vergoldung oder Bemalung freizulegen, die von späteren Schichten überdeckt wurde, und auch die Wasservergoldung und die Leimfarbe[1] zu entfernen. Auf diese Weise wird auch die Grundierung abgetragen, die für diese beiden Operationen notwendig ist und die fest haftet, weil sie Leim enthält; gegebenenfalls nimmt man ein wenig heißes Wasser und eine Bürste zu Hilfe.

ABBEIZEN MIT FETTEM ABBEIZMITTEL

Die fixfertig im Handel erhältlichen flüssigen fetten Abbeizmittel enthalten Azeton, das abbeizt, und Glyzerin, das vor zu raschem Verdunsten schützt. Sie befreien das Holz von der Ölfarbe, der Mischvergoldung und der Bronzevergoldung, sofern sie auf Terpentin- oder Firnisbasis beruht[2], greifen aber weder die Wasservergoldung noch die Leimfarbe an. Wenn zähe Schichten entfernt werden müssen, kann das Produkt mit einem kleinen Kalizusatz gehärtet werden.

ABBEIZEN MIT HEISSEM WASSER
Dieses Verfahren dient bei Wasservergoldung und Leimfarbe. Man weicht Sägemehl in heißem Wasser ein und trägt es mit Handschuhen auf das Holz auf, wo man es mit Stoffstreifen oder Moltonbinden festhält. Das Sägemehl dient als Feuchtigkeitsleiter; um die Feuchtigkeit zu bewahren, empfiehlt es sich, das Möbel an einem feuchten Ort unterzubringen. In der Folge wird das Sägemehl mehrmals neu befeuchtet und das Ergebnis überprüft. Schließlich bricht der Leim auf. Die Operation wird mit dem Profiliereisen beendet.

ABBEIZEN MIT KALI
Wenn man alle Schichten entfernen und das Holz ganz bloßlegen will, ist das Abbeizen mit Kali die schnellste Methode. Aber sie ist für das Möbelstück höchst gefährlich: In der Tat verbrennt und schwärzt das Kali die Oberfläche des Holzes und greift es in der Tiefe an, macht es rissig und bleibt latent zurück. Andererseits erfordert das Verfahren ein Nachspülen, das das Holz aufquellen läßt.[3] Es gilt also, bei der Anwendung große Vorsicht walten zu lassen und das Möbel sorgfältig zu trocknen. Am besten ist es, auf dem Holz eine Schutzschicht zu lassen, die später abgekratzt wird.
Man benutzt Kalilauge, der man Schlämmkreide, Mehl oder Sägemehl beigibt, um eine Paste zu erhalten. Der Restaurator zieht Handschuhe an und klopft diese Mischung mit einer Nylonbürste auf das Holz. Die Paste weicht die Schichten auf. Nachdem man sie zwei Stunden lang hat einwirken lassen, spült man unter fließendem Wasser und entfernt die Schichten mit einer Wurzelbürste, keinesfalls mit einer Metallbürste. Manchmal widersteht die Grundierung, besonders in den Vertiefungen: Die letzten Reste werden mit den Profiliereisen entfernt, und zwar sehr sorgfältig, wenn das Möbel gewichst werden soll, summarischer, wenn es eine neue Grundierung erhält, um bemalt oder vergoldet zu werden. Sofort nach dem Spülen wird das Holz mit Oxalsäure, Salzsäure oder Essigsäure behandelt (vgl. S. 73), um es gleichzeitig aufzuhellen und zu entfetten. Dann wird wieder unter Zuhilfenahme einer Bürste aus Schweineborsten (und nicht etwa einer Nylonbürste, die von der Säure zersetzt würde) gespült. Gegebenenfalls wird die Behandlung wiederholt, und zwar sofort, wenn es sich um ein sehr gesundes Holz handelt, oder nach zweitägigem Trocknen, damit es seine Beständigkeit zurückerlangt.
Nach Abschluß der Operation läßt man etwa vierzehn Tage trocknen – eventuell auch länger, wenn das wurmstichige Holz viel Wasser aufgesaugt hat –, um dann die Restaurierung vorzunehmen oder wieder eine Grundierung zu geben.

Zerlegen

Es soll wie gesagt nur zerlegt werden, wenn dies unumgänglich ist, und bei bemalten oder vergoldeten furnierten Möbeln allezeit so wenig wie möglich, um ihr Äußeres nicht zu beschädigen. Ein massives Möbel kann immer zerlegt werden, ob es nun aus verleimten Verbänden gebaut oder, wie im Falle gewisser Sitzmöbel, nicht geleimt, sondern nur durch Holznägel zusammengehalten wird. Ein furniertes Möbel ist immer geleimt und häufig nur schwer zerlegbar: In manchen Fällen muß man sich vorsichtshalber damit begnügen, die Ausbesserung im Inneren des nicht zerlegten Möbels vorzunehmen (Abb. 16). Es gibt Bücher, die Konstruktionsschemata antiker Möbel reproduzieren, was das Zerlegen erleichtern kann; aber jeder alte Meister hatte schließlich seine eigenen Fabrikationsgewohnheiten.[4]

Mit Knochenleim vorgenommene Verzapfungen werden mit 95gradigem Alkohol zerlegt, der mit einer Spritze eingeträufelt wird (Brennsprit ist ungenügend). Das Holz wirft sich nicht unter der Einwirkung des Alkohols, der den Leim nicht auflöst, sondern kristallisiert. Nach einem Weilchen beginnt man, den Verband sachte zu bewegen: Es soll nicht auf einmal zerlegt werden, sondern fortschreitend und wenn nötig unter Verwendung weiteren Alkohols. Gegebenenfalls dient ein Holzhammer dazu, die beiden Teile voneinander zu trennen. Der Restaurator versieht die Stücke mit Paßmarken, kratzt den Leim aus den Zapfenlöchern und reinigt sie mit einem Beitel, einer Raspel oder einem Zahnhobel, allenfalls unter Zuhilfenahme eines in heißes Wasser getauchten Pinsels. Die Zapfen dürfen vor allem nicht abgeschliffen werden, um ihre Dicke nicht zu vermindern.

Die Holznägel werden nicht eingeleimt – dies kann nur irrtümlich während einer früheren Restaurierung geschehen sein – und mit einem Nageltreiber entfernt. Wenn sie sich nicht lösen, werden sie in der Mitte ausgebohrt und dann stückchenweise mit einem schmalen Beitel herausgeholt.

16
Im Innern einer nicht zerlegbaren *Louis-Quatorze*-Kommode vorgenommene Reparaturen. Der Riß in der Fuge der beiden Bretter, die die rechte Seite bilden, wurde mit Füllstückchen verschlossen; ein großer Pflock oder Zapfen, dessen Faser senkrecht zu jener der Fuge verläuft, wurde eingeleimt, um ein Wiederauftreten des Risses zu verhindern. Eine Reihe kleinerer Pflöcke mit der Faser der Tafel gleichlaufender Faserrichtung konsolidiert das Fugenwerk des unteren Teils.

17
Zurichten einer geworfenen Tafel mit parallel zur Faserrichtung eingesetzten Füllstückchen. Das handgeschriebene Etikett, das auf die Rückseite dieser aus dem 15. Jahrhundert stammenden *tarsia certosina* geklebt wurde, teilt mit, daß die Restaurierung im 19. Jahrhundert in Italien vorgenommen wurde. Unten links ein doppelter Schwalbenschwanzzapfen. (Paris, Musée du Louvre)

Deformation des Holzes

Das Holz kann sich werfen oder windschief verziehen. Obwohl es schwierig oder beinahe unmöglich ist, einem deformierten Holz seine Form zurückzugeben, werden zuweilen die nachstehend genannten Verfahren angewandt:
Wenn der Bogen nicht zu stark ist, bringt man auf der Rückseite der Bogenkrümmung parallele Sägeschnitte an und setzt in Faserrichtung geschnittene Keile oder Flickstücke ein, deren Wirkung zur Begradigung der Tafel beiträgt (Abb. 17). Hat das Holz sich windschief geworfen, so kann nur ein Teil des Stücks dieser Behandlung unterzogen werden.
Manchmal ist es von Vorteil, das gekrümmte Holz anzufeuchten und unter Bügeleisen oder in einem Trockenofen[5] zu erwärmen, ehe es gepreßt wird. Es ist indessen möglich, daß die Deformation später wieder auftritt. Um dies zu vermeiden, muß das Holz nach dem Trocknen gegebenenfalls durch ein mehr oder weniger dickes Furnier gehalten werden, das auf eine oder (etwa im Falle der Bretter in einem Möbel) auf beide Seiten aufgeleimt wird, oder durch Pflöcke (vgl. S. 46), deren Faserrichtung quer zu jener des verzogenen Stücks verläuft.

Verstopfen

Es ist oft notwendig, auf den massiven Teilen kleine Lücken oder Wurmlöcher zu verstopfen oder eine Stelle des Blindholzes auszubessern, ehe eine Intarsie wieder aufgeleimt wird. Dann verstopft man diese Vertiefungen mit einem Kitt; aber das soll nicht unbesehen praktiziert werden: Es ist besser, wann immer die Möglichkeit besteht, Holz einzusetzen.
Früher wurden die Löcher mit Wachs ausgefüllt, das auf den massiven Möbeln oft schwarz wurde, oder mit dem schon erwähnten Leimgemisch, das zum Einleimen dient und den Nachteil besitzt, im Trocknen zu schrumpfen und ein Nachfüllen nötig zu

machen. Jetzt gibt es im Handel Holzpaste (auch Kunstholz oder synthetisches Holz genannt), die aus zwei gebrauchsfertigen Bestandteilen besteht: Holzpulver und flüssigem Kunstharz. Die Restauratoren empfehlen diese oder jene Marke: jedenfalls eine gute Qualität, die nicht schrumpft. Vor der Anwendung werden die beiden Stoffe in der gewünschten Konsistenz vermischt und gegebenenfalls mit einem Farbpulver in einem dem Möbel ähnlichen Ton gefärbt, wenn es sich um ein massives Möbel handelt. Man trägt das Produkt, das nur gemischt hart werden kann, mit dem Spatel auf. Da es sehr schnell erstarrt, besonders wenn es dick ist, muß es vor dem völligen Trocknen – im Mittel eine Viertelstunde nach der Anwendung – nivelliert werden, weil diese Operation sonst sehr schwierig wird und Gefahr läuft, die umliegenden Flächen zu beschädigen. Die Holzpaste wird in der Tat sehr hart und haftet ausgezeichnet, was zugleich ein Vor- und Nachteil ist. Das Furnier kann mit Knochenleim daraufgeleimt werden.
Die Festigkeit des Produkts macht es für gewisse Fälle ungeeignet. Das Wachs ist weniger hart und kann etwa auf einem geschnitzten Möbel nützlicher sein. Bei den Aufblattungen der Sitzmöbel, deren Nagellöcher früherer Bezüge verstopft werden müssen (vgl. S. 49), würde die Holzpaste dem Tapezierer nicht erlauben, neu zu nageln. In solchen Fällen verwendet man in zwei Arbeitsgängen eine geschmeidigere Mischung aus Vinylleim und Sägemehl: Zuerst füllt man die Mischung ziemlich flüssig ein, damit sie tief in die Löcher eindringt, und läßt achtundvierzig Stunden trocknen; da sie dabei ein wenig schrumpft, füllt man mit einer etwas dickeren Mischung nach und läßt vor dem Nivellieren nochmals achtundvierzig Stunden trocknen. Es empfiehlt sich, die Restaurierung zu verstärken, indem man die verstopften Flächen mit Leinwandstreifen überklebt.

Druckstellen

Wenn das Möbel einen Schlag erhalten hat oder verkratzt wurde, sind die Fasern zusammengedrückt: Sie müssen durch Dehnung des Holzes auf ihre ursprüngliche Höhe zurückgebracht werden. Das geschieht, indem man die betroffene Stelle mit einem dicken feuchten Lappen zudeckt und ein heißes Eisen daraufstellt: Der Dampf bringt das Holz zum Quellen. Die Operation wird so lange durchgeführt als notwendig ist. Man kann eine solche Stelle auch eine Zeitlang täglich mit heißem Wasser behandeln. Bei einem furnierten Möbel muß darauf geachtet werden, das Furnier nicht mit solchen Verfahren abzulösen. Ein Möbel mit verkratztem Firnis muß abgeschliffen und neu gefirnißt werden; allerdings tauchen die scheinbar beim Abschleifen verschwunden Kratzer zuweilen beim Firnissen wieder auf.

Reparatur der Zapfen

Es gibt zwei Fälle, je nachdem ob der schadhafte Zapfen noch verwendbar ist oder nicht. Manchmal «schwimmt» der Zapfen im Zapfenloch, entweder, weil er sich zusammengezogen hat und nicht mehr dick genug ist, oder nach dem Abkratzen des Leims vom Zapfen und aus dem Zapfenloch. Dann muß der Zapfen durch eine Leimschicht verstärkt werden. Wenn die den Verband konsolidierenden Holz-

nägel den Zapfen oder die Seitenwände des Zapfenlochs zum Bersten gebracht haben, wird die beschädigte Stelle mit Schwalbenschwänzen verstärkt, die nach dem Zusammensetzen des Verbands für die Holznägel durchbohrt werden (Schema 1).
Wenn der Zapfen nicht mehr verwendbar ist, wird er durch einen falschen Zapfen (vgl. S. 42) ersetzt oder – eine solidere Lösung – durch einen Kammzapfen. In diesem Falle wird zuerst die Fläche, in der sich der Zapfen befand, ausgeglichen. Dann werden auf einem Stück Holz von der Dicke des alten Zapfens zwei oder drei Zinken angebracht, um einen Dübel zu erhalten (vgl. S. 42), während auf der ausgeglichenen Fläche zwei oder drei entsprechende Löcher gebohrt werden, um sie aufzunehmen: Der Kammzapfen nimmt die Stelle des früheren Zapfens ein (Schema 2). Da Mahagoni dazu neigt, aufzureißen, wird man für ein Sitzmöbel aus massivem Mahagoni vorzugsweise einen Zapfen aus Buchenholz anfertigen.

Risse

Es gibt zweierlei Risse. Die einen bilden sich innerhalb eines Holzstücks, und dann sind sie unregelmäßig. Die anderen entstehen zwischen zwei ursprünglich verbundenen Brettern, die sich zusammengezogen und voneinander entfernt haben: Das kommt etwa bei den Klappen von Sekretären vor oder den Seiten eines Möbels, wenn sie aus verschiedenen Brettern bestehen, oder an der Verbindungsstelle von Querleiste und Stollen. Der Riß kann oberflächlich sein oder ganz durch das Holz gehen.
Die gerissene Stelle kann nicht immer zerlegt werden. Wenn es möglich ist, benutzt man eine Säge, um gegebenenfalls die beiden Teile in der Verlängerung der Rißlinie vollends zu trennen; dann werden mit dem Zahnhobel die angrenzenden Schmalseiten beider Teile gesäubert und nötigenfalls nivelliert. Anschließend werden sie aneinandergeleimt und gepreßt, wobei die Wirkung des Leims unter Umständen durch eine der nachfolgend genannten Verbindungen (falsche Feder, ein oder mehrere Dübel, ein oder mehrere Zapfen) oder mit Pflöcken verstärkt wird. Wenn der Riß behoben ist, entsprechen die Ausmaße des zusammengeleimten Stücks meistens nicht mehr jenen der Stelle, die es einnehmen soll: Es gibt einen kleinen Zwischenraum, der der Länge und Breite des früheren Risses entspricht. Um ihn auszugleichen, wird mit einem den Ausmaßen des fehlenden Stücks entsprechenden Span eine Leimfuge ausgeführt (Schema 3). Bei einer mit Feder und Nut montierten Tafel kann der Span in einer Nut verborgen werden. Wenn der Span bei einem Möbel aus massivem Holz sichtbar bleiben muß, wird er im gleichen Holz angefertigt. Bei einem furnierten Möbel wählt man ein dem Blindholz möglichst ähnliches Holz.
Falls dies nicht möglich ist, zum Beispiel weil das Möbel nicht zerlegt werden kann, schneidet man aus Holz ein Füllstückchen, mit dem der Riß zugestopft wird. Man verwendet es besonders bei den Blindhölzern furnierter Möbel, weil das Furnier das Flickstück verbirgt. Das Holz des Füllstückchens soll in Faserrichtung geschnitten und möglichst von der gleichen Art wie das des Möbels sein. Das Einsetzen ist heikel. Zunächst muß die entsprechende Stelle zugerichtet werden. Soll das Flickstück eine Fuge ausfüllen, die nachgegeben hat, so sind die Schmalseiten natürlich geradlinig und flach:

Es genügt, sie zu reinigen. In den übrigen Fällen wird der Spalt leicht vergrößert und mit einer Blattsäge behandelt, um glatte Ränder zu erhalten. Bei oberflächlichen Sprüngen ist es nicht notwendig, die ganze Dicke des Holzes zu durchbrechen; man hebt mit dem Beitel oder maschinell eine Rille aus, um Ränder und Boden flach zu machen, und bestimmt das Profil der Rille je nach der Form, die man dem Füllstückchen zu geben wünscht. Der Schnitt kann rechteckig sein und leicht abgeschrägt werden, um besser zu haften (Schema 4, B²). Wenn man befürchtet, daß das Füllstückchen in seinen beiden unteren Ecken zu neuen Rissen führen könnte, wählt man es in Form eines weitwinkligen Keils wie jene, die von den Restauratoren auf Holz gemalter Bilder verwendet werden (Schema 4, B³). In manchen Fällen setzt man auf beiden Seiten ein Flickstück ein (Schema 4, B⁴). Wenn der Riß durch das ganze Holz geht, empfiehlt es sich, zwei gegengleich abgeschrägte Füllstückchen unter leichtem Druck gleichzeitig einzusetzen (Schema 4, B⁵). In unregelmäßig verlaufende Risse werden aneinandergereihte Füllstückchen eingesetzt. Man bringt hellen Leim in den Spalt und auf die Ränder des Flickstücks, dann setzt man von Hand ohne besonderen Druck ein und preßt zwischen zwei Platten.

Viele Restauratoren halten das Flickstück für ein unwirksames und vorläufiges Heilmittel, das nicht hält und den Riß sehr bald wieder auftauchen läßt. Aber wenn sich ein solcher Unfall ereignet, ist häufig ein ungenügendes Einpassen des Füllstückchens schuld. In gewissen Fällen ist das Verfahren zu empfehlen, weil es das Zerlegen vermeidet.

Manchmal scheint es durchaus möglich, den Riß mit einer Holzpaste auszubessern, ohne Nachteile

18
Verschließen der Risse im Boden einer Schublade mit Leinenstreifen, die auf die Rückseite geklebt werden.

befürchten zu müssen, zum Beispiel wenn der Spalt erst in Bildung begriffen ist oder zu unregelmäßig verläuft, als daß Füllstückchen eingepaßt werden könnten. Dieses Verfahren ist sehr kurz: Man verschließt den Spalt auf der einen Seite mit Klebband, sofern das Holz durchgerissen ist, und füllt Harz ein.

Bei furnierten Möbeln wird die Oberfläche des Blindholzes durch den Span oder das Flickstück verbreitert. Um es anzubringen, war es notwendig, das Furnier von der betroffenen Stelle abzunehmen.

Beim Wiederaufleimen ist man gezwungen, zu mogeln und auf den Span des Blindholzes einen entsprechenden Span des Furniers zu leimen oder zu beiden Seiten des Furniers einen schmaleren Span hinzuzufügen. Besonders schwierig wird das Problem, wenn es sich um eine geschwungene Tafel handelt. Im Falle der mit Mahagoni furnierten Möbel wird das Flickstück oder der Span aus massivem Mahagoni hergestellt, um nicht im Furnier aufzufallen.
Wenn an einem unsichtbaren Teil des Möbels ein Riß entstanden ist – Rückseite, Unterseite usw. –, hat es keinen Sinn, ihn beheben zu wollen: Man begnügt sich damit, ein Stück Leinwand auf der Außenseite darüberzukleben, damit kein Staub in das Möbel eindringt (Abb. 18).

Konsolidierung der Fugen und Verleimungen

Um den Verband zweier auseinandergegangener Teile zu konsolidieren und ein neues Reißen zu verhindern oder um ein neues Element einzufügen, bedient man sich verschiedener Verfahren, die manchmal miteinander kombiniert werden. Es gibt die unsichtbaren, die besonders für massive Möbel verwendet werden, und die sichtbaren, die unter dem Furnier verborgen werden können und die man deshalb bei furnierten Möbeln bevorzugt. Einige dieser Lösungen sind umstritten: Gewisse Restauratoren werfen ihnen eine Verstümmelung des Möbels vor. Aber ihre Anwendung hängt von dem zu lösenden Problem ab: Jedes Verfahren kann je nach dem vorliegenden Fall unvermeidlich oder unbrauchbar sein. Die verschiedenen Verstärkungen werden geleimt und dann gepreßt. Man muß darauf achten, sie aus gesundem Holz zu schneiden, damit sie das übrige Möbel nicht anstecken.

VERBAND IN DER HOLZDICKE

Er ist sehr solide und dient dazu, zwei Teile durch ein hinzugefügtes Element zu verbinden.
Die FALSCHE FEDER (Schema 5) wird für geradlinige Fugen verwendet. In der Mitte der Dicke der beiden zu verbindenden Schmalseiten wird auf der ganzen Länge eine Nut eingeschnitten. In die beiden Nuten wird die falsche Feder aus Holz, dessen Faser quer zu jener der Fuge verläuft, oder Sperrholz (das 5 mm stark sein soll, wenn die Dicke der Schmalseiten es zuläßt) eingeleimt.
Die anderen Verstärkungen nehmen nicht die ganze Länge der Fuge in Anspruch.
Das Prinzip des FALSCHEN ZAPFENS (Schema 6) entspricht jenem der falschen Feder, dient aber zur Verbindung von zwei Zapfenlöchern.
Der DÜBEL oder Holznagel (Schema 7; Abb. 20) mit rundem Querschnitt wird häufig verwendet, um zwei gebrochene Teile zu verbinden oder Elemente wie etwa das äußerste Ende eines Beins anzusetzen. Er muß nicht unbedingt aus dem gleichen Holz sein wie das Möbelstück: Wichtig ist nur, daß er in Faserrichtung geschnitten ist. Der beste Dübel wird aus Buchenholz gefertigt, das weniger leicht bricht als Eichenholz. Der Dübel muß tief in beide Teile eindringen.

19/20
Ausbesserung eines Konsolenbeins mit einem Dübel:
Das gebrochene Bein.
Das wieder geleimte Bein. Die Verbindung zwischen beiden Teilen wurde mit einem Dübel verstärkt.

21
Aufsetzen von Winkeln aus Lindenholz auf der Innenseite der Zarge des Sitzes. Sie haben die gleiche Breite wie die Querleisten. Die vom Bezug hinterlassenen Löcher wurden mit Holzpaste ausgefüllt.

Man findet Dübel im Handel, aber der Restaurator kann sie in den gewünschten Dimensionen selber herstellen, indem er ein quadratisches Stück Holz mit dem Hammer in ein gezahntes Schneideisen treibt. Die Dübel müssen ja auf jeden Fall mit dem Zahnhobel behandelt werden.

EINSÄTZE

Man kann ihnen vorwerfen, irreversibel zu sein und das Blindholz des Möbels zu verderben, das manchmal ebenso schön ist wie sein Äußeres. Der häufigste Einsatz ist der ZAPFEN IN FORM EINES DOPPELTEN SCHWALBENSCHWANZES, der auch «Schmetterling» genannt wird (Schema 8; Abb. 17). Wenn beide Teile vereint sind, wird das Holz bis auf ein Drittel seiner Dicke ausgehoben, um den Zapfen einzusetzen, der aus dem gleichen Holz geschnitten wird wie das Möbel oder aus einem Hartholz (Eiche), und dessen Faser quer zu jener der Fuge verläuft. Der Zapfen muß in der Mitte breit genug sein. Dank seiner Form bildet er eine nützliche Verstärkung, die jedoch von verschiedenen Restauratoren als ungenügend betrachtet wird.

Die Einsätze können gegebenenfalls auch anders aussehen. Man kann zum Beispiel das Holz auf der ganzen Länge der Fuge ausheben und eine geradlinige Verstärkung einsetzen, deren Faser quer zur Faserrichtung der Fuge verläuft und die unter Umständen aus mehreren aneinandergeleimten Elementen bestehen kann.

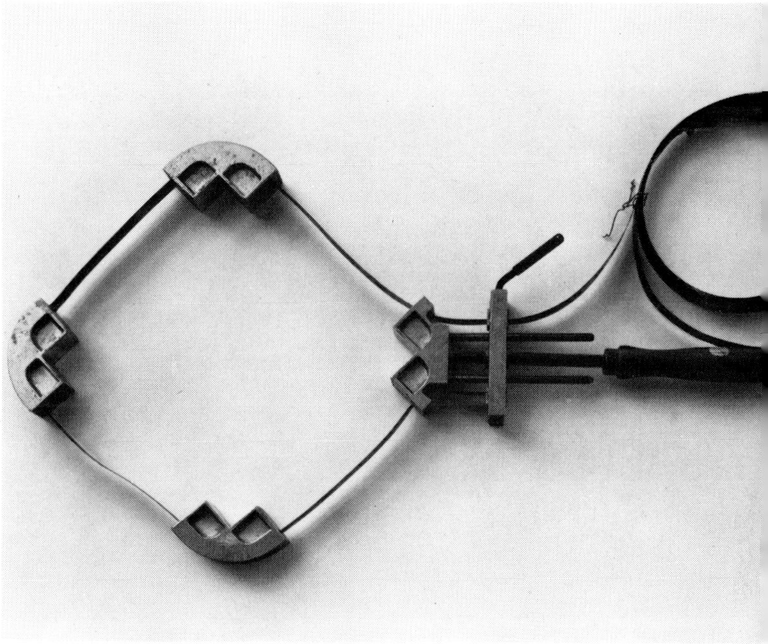

22
Metallener Preßriemen, um die zusammengeleimten Zargen zu pressen

IM INNEREN DES MÖBELS ANGEBRACHTE VERSTÄRKUNGEN

Diese von innen angeleimten Verstärkungen sind ein reversibles Verfahren, da sie jederzeit wieder abgenommen werden können. Man verwendet sie, wenn man keinen Eingriff in das Möbel vornehmen will, oder zuweilen auch der Not gehorchend, wenn das Möbel nicht zerlegbar ist. In einer Kommode, zum

23
Eine falsche Aufblattung wird auf der oberen Querleiste der Rücklehne eines Sofas angebracht. In der Mitte der obere Teil der alten, geschnitzten Querleiste, gegen die die falsche Aufblattung geleimt wurde. Links die ursprüngliche, wurmstichige und gerissene Aufblattung.

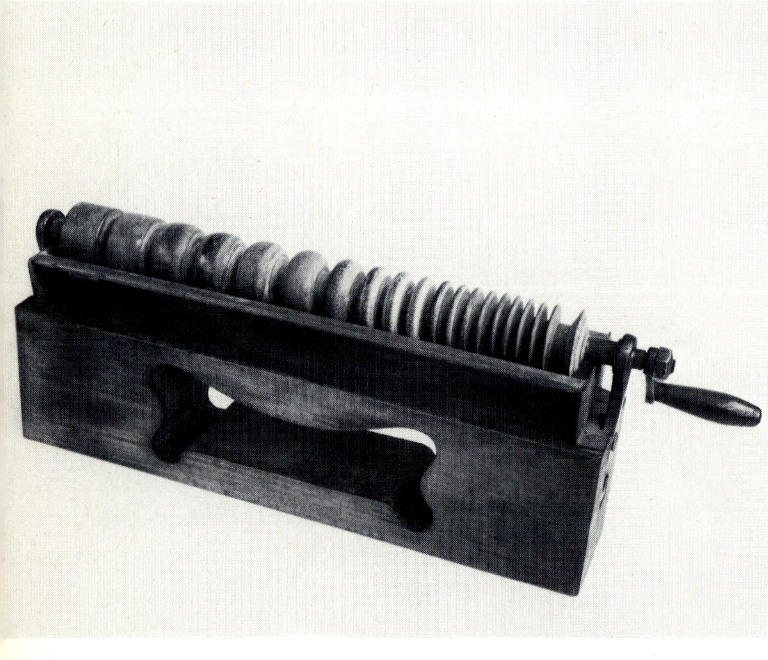

24
Schnitzwerkzeug. Von links nach rechts: Hammer, drei Hohlbeitel, halbflaches Schnitzmesser (ein beinahe flacher Hohlbeitel), zwei Stemmeisen, zwei Löffel, zwei Kerbmesser, zwei Grabstichel, zwei Schraffiermesser, die verwendet werden, um die Rippen auszuführen, drei Riffeleisen, die für das Finish wenig zugänglicher Stellen dienen.

25
Schleifstein für das Schnitzwerkzeug; er besteht aus einer Reihe kleiner Schleifsteine aus Sandstein in verschiedenen Breiten.

Beispiel (Abb. 16), kann man alle gewünschten Verstärkungen anbringen, was bei einem furnierten Möbelinneren nicht der Fall ist. Der Nachteil dieser Verstärkungen: Sie laufen Gefahr, sich abzulösen.
Die Pflöcke (Abb. 16) dienen dazu, die Ausbesserung eines Risses haltbarer zu machen, das Weiterreißen zu verhindern oder das Fugenwerk die Stollen und Querleisten entlang zu festigen. Sie

bestehen aus einem in Faserrichtung geschnittenen weichen Holz oder aus der gleichen Holzart wie das Möbel. Wenn sie gegen einen Riß geleimt werden, verläuft ihre Faser quer zur Faserrichtung der Fuge. Häufig sind die zu verstärkenden Linien nicht ganz gerade, so daß es empfehlenswert ist, mehrere kleine Pflöcke nebeneinanderzuleimen anstatt ein großes Stück. Wenn das Pressen nicht in Frage kommt,

26/27
Restaurierung einer geschnitzten Tafel aus massivem Mahagoni an einem Empire-Klavier. Die fehlenden Stücke werden auf Grund der Symmetrie wiederhergestellt.

26
Einsetzen der neuen Stücke aus massivem Mahagoni, die mit Leimfugen in die nicht abgebeizte Tafel eingepaßt werden.

27
Fertige Schnitzarbeit auf den neuen Stücken. Abgebeizte Tafel.

bedient man sich der «à la frotte» genannten Verleimung: Man erwärmt den Pflock, bevor man ihn vorleimt und einsetzt.

Die Winkel (Abb. 21) dienen als Spielart der Pflöcke dazu, die Verbindung eines Beins und der Querleisten an den Ecken der Zarge eines Sitzmöbels zu verstärken; gewisse Restauratoren lehnen sie ab: Sie finden sie nicht ästhetisch und ziehen es vor, das Sitzmöbel zu zerlegen und neu zu verzapfen. Aber in manchen Fällen ist es nachteilig, den Bezug eines Sitzmöbels abzunehmen und es zu zerlegen. Andere Restauratoren dagegen gehen so weit, vorsichtshalber selbst nach dem Neuleimen des Verbands systematisch Winkel anzubringen, um

die auf den Querleisten beim Abziehen und Neubeziehen durch die zahllosen Tapezierernägel hervorgerufene Ermüdung auszugleichen. Die Winkel sind besonders nützlich, wenn die Querleisten schmal und wurmstichig sind.
Die Winkel sollen aus Linden- oder Pappelholz sein, weichen Hölzern, die gut haften – und nicht aus Tannenholz –, und beinahe die ganze Zargenhöhe besitzen. Wenn sie aus Buchenholz und nicht besonders dick sind, nützen sie nichts. Man gibt ihnen meistens aus ästhetischen Gründen eine nach innen konkave Form, aber auch um dadurch das Beziehen zu erleichtern, wenn es sich um eine Federpolsterung handelt, und weil sie allenfalls gestattet, die Winkel anzuschrauben. Sie werden angebracht, nachdem die Beine fixiert wurden, falls man sie nicht neu leimt: Gut geleimte Winkel brauchen nicht angeschraubt zu werden. Dennoch gibt es Restauratoren, die so vorgehen, aber erst wenn der Leim trocken ist. Selbstverständlich darf auf keinen Fall genagelt werden.

Einsatzstücke

Sie müssen aus dem gleichen Holz sein wie das Möbel – wenn möglich einem alten Holz – und seiner Faserrichtung folgen. Wenn sie nicht fest mit einem der Teilstücke des Möbels verbunden sind, können sie mit Vinylleim geleimt werden. Sie werden durch Feder, Zapfen oder Dübel mit dem alten Stück verbunden, falls die Ausmaße groß sind, oder durch eine Leimfuge, wie dies häufig bei aufgesetzten Teilen alter geschnitzter Möbel der Fall war. Bei den massiven Möbeln verschwinden sie beim Einfärben.

SCHRÄGES EINLEIMEN

Dieses häufig benutzte Verfahren besteht darin, zwei Elemente in gegenseitiger Verlängerung einzusetzen und dazwischen eine schräge Fuge zu lassen. Der alte Teil wird so zugerichtet, daß er sich schräg darbietet. Die Fuge muß möglichst stark geneigt sein, damit die zu leimende Fläche möglichst groß ist und sich der Faserrichtung besser annähert. Das ist besonders nützlich, wenn der untere Teil eines Beins oder ein Stück Querleiste anzusetzen ist. Das Verleimen kann durch eine sogenannte schräge Verzapfung verstärkt werden (Schema 9).

FALSCHE AUFBLATTUNG

Der Bezug der Sitzmöbel wird auf eine Aufblattung genagelt, die sich auf der Innenseite der senkrechten und waagrechten Leisten der Rücklehnen und der Außenseite der Querleisten der Sitze befindet. Die Nägel oder der Zug der Gurte haben zur Folge, daß die Leisten oft an der Ansatzstelle der Aufblattung reißen. Um wieder beziehen zu können, muß der gerissene Teil ersetzt und die Aufblattung wiederhergestellt werden (Schema 10; Abb. 23). Der Bezug verbirgt dann das neue Stück. Die Leisten entlang wird mit dem Stechbeitel der ganze aufgesprungene Teil bis auf eine dünne Schicht entfernt, um das, was sichtbar bleibt, zu erhalten: auf der Außenseite der Rücklehne – das heißt der Rückseite – und auf der Innenseite des Sitzes. Es genügt, eine Furnierdicke bestehen zu lassen: Je dicker das einzusetzende Stück ist, desto solider wird die Reparatur. Man hobelt mit dem Schlichthobel die bloßgelegten geraden Flächen. Wenn der Sitz zerlegt werden kann, fügt man das Stück zusammen, indem man an jedem Ende einen Zapfen anbringt. Andernfalls wird es verleimt. Im allgemeinen und vor allem bei

28
Instandsetzung des Gleitens einer Schublade. Da der untere Teil der rechten Schubladenseite abgenutzt war, ist eine Schicht aufgeleimt worden, um die Höhe wiederzugewinnen.

Sitzmöbeln aus Mahagoni ist für das einzusetzende Element Buchenholz vorzuziehen, das die Nägel des Bezugs gut hält und weniger zum Reißen neigt als andere Hölzer.[6]

SCHNITZEREIEN

Wenn in einer Schnitzerei (Abb. 26 und 27) ein Stück eingesetzt werden muß, schneidet man es mit den Umrissen des zu ersetzenden Teils aus, gibt aber wegen der Schnitzerei mehr Dicke. Das Stück wird aufgeleimt und gepreßt; dann wird das wiederzugebende Motiv darauf gepaust und geschnitzt. Es ist unbedingt notwendig, die Schnitzarbeit sehr sorgfältig auszuführen, auch wenn das Möbel sofort eine Bemalung oder Vergoldung empfangen soll, denn es könnte später wieder bis auf das rohe Holz abgebeizt werden.

GLEITEN DER SCHUBLADEN

Um funktionieren zu können, wird eine Schublade üblicherweise auf beiden Seiten in Leisten eingefügt, zwischen denen sie gleitet: obere Laufleiste, untere Laufleiste, Streichleiste (Schema 11; Abb. 28). Schublade und Laufleisten nutzen sich mit der Zeit gegenseitig ab. Die Instandsetzung des Gleitens ist eine der unscheinbarsten und undankbarsten Arbeiten der Restaurierung und erfordert viel Zeit. Zuerst muß die Höhe der Schubladenseiten ausgeglichen werden, ehe eine Schicht darunter und zuweilen darüber hinzugefügt wird. Auf die gleiche Weise wird die Abnutzung der Laufleisten ausgeglichen, die anschließend eine Nut erhalten oder eine Aufblattung, der ebenfalls eine Schicht aufgeleimt wird. Auch auf die Streichleisten kann eine Leimschicht gegeben werden, oder aber man löst sie ab und richtet sie wieder zu, ehe man sie neu leimt. Wenn sie ausgewechselt werden müssen, ist es notwendig, ein weicheres Holz zu verwenden als das der Schublade, damit diese nicht von ihnen gefurcht wird.

DAS FURNIER

Das furnierte Möbel besteht aus einem massiven Blindholz (hauptsächlich Eiche und Tanne) und einer aufgeleimten Verkleidung (dem Furnier) aus einem oder mehreren anderen – einheimischen oder exotischen – Hölzern oder aus anderen Materialien.
Das Furnier taucht im Mittelalter in Italien auf, und zwar als gemischtes Verfahren, das *tarsia certosina* (Abb. 51) genannt wurde: Mit dem Messer ausgeschnittene Verzierungen, die bis zu 5 mm dick sein können, werden in Vertiefungen eingesetzt und eingeleimt, die eigens dafür mit dem Schnitzmesser in ein massives Möbel eingeschnitten wurden. Zuletzt ist das ganze Möbel mit nebeneinanderliegenden Einzelteilchen bedeckt. Vom 16. Jahrhundert an breitet die Technik sich in den Nachbarländern aus. Im 17. Jahrhundert wird das Furnier, das jetzt dünner ist, mit der Säge ausgeschnitten.
Es gibt drei Arten von Furnier: ein Blatt aus einfarbigem Holz (Abb. 34), eine aus mehreren Furnierblättern zusammengesetzte geometrische Figur (Abb. 48) oder eine Intarsie mit ausgeschnittenen Motiven (Blumen, Gegenständen, Personen usw.), die sich von einem andersartigen Fond abheben (Abb. 30).
Für die geometrischen Figuren und die Einlegearbeit können die Einzelteile fortlaufend nebeneinandergeleimt werden; aber meistens werden die Stück für Stück ausgesägten Einzelteile der Furniertafel vorher zusammengesetzt, da die Motive der Intarsie in den zu diesem Zweck vertieften Fond eingelegt werden; die ganze Vorderfläche, das heißt die später sichtbare Seite, wird mit einem Papier überklebt; dann leimt man die fertige Tafel auf das Blindholz und entfernt das Papier, wenn der Leim trocken ist.
Für die Intarsien gibt es zwei Möglichkeiten des Vorgehens. Eine im 17. Jahrhundert aufgetauchte und besonders für die sogenannten Boulle-Arbeiten verwendete Technik erlaubt, gleichzeitig den Fond und die Verzierung auszuschneiden. Zwei verschiedene Furniere (aus Holz oder anderem Material) mit kontrastierenden Farben werden übereinandergelegt; dann wird die Zeichnung der vorgesehenen Motive auf die beiden Blätter gelegt, die dem Strich der Zeichnung folgend mit einer sehr feinen Säge ausgeschnitten werden. So erhält man beim Trennen der Blätter zwei Verzierungen mit den gleichen Formen. Die Verzierung jedes einzelnen Blatts wird in den Fond des anderen eingelegt und bildet so entweder eine Intarsie, die sich hell von einem dunkleren Fond abhebt (bei den Boulle-Arbeiten etwa Kupfer auf Schildpatt), oder ein dunkles «Gegenstück» auf hellem Fond. Auf diese Art lassen sich zwei Möbel gleichzeitig intarsieren oder sogar drci, wenn die Verzierung aus drei verschiedenen Materialien ausgeschnitten wird. Dieses Vorgehen hat den Nachteil, daß der Sägeschnitt zwischen Verzierung und Fond einen winzigen Hohlraum hinterläßt.

29
Eingesetzte Intarsie. Tannenkorpus eines *Louis-Seize*-Schranksekretärs: Klappe des oberen Teils, einer der beiden Flügel des unteren Teils. Da das Blindholz sehr rissig geworden ist, mußte das Furnier abgenommen werden (vgl. Abb. 33 und 45). Auf einem Fond aus Rosenholz waren Blumen intarsiert, die mit dem Stichel eingesetzt waren, wie aus den im Blindholz hinterlassenen Spuren hervorgeht.

Eine andere, von Roubo[1] besprochene Methode kommt im 18. Jahrhundert in Frankreich auf, und zwar besonders bei geschwungenen *Louis-Quinze*-Furnieren[2]; sie besteht darin, zuerst den Fond auf das Gestell aufzubringen, dann die einzelnen Motive eines nach dem anderen auszuschneiden, ihre Umrisse mit dem Stift auf den Fond aufzuzeichnen und diesen schließlich mit dem Schnitzmesser auszuheben, um die Motive einzusetzen (Abb. 29).
Zu gewissen Zeiten hat man in den Niederlanden und in Italien die Intarsien zusammengesetzt und auf ein Papier geklebt, das nicht entfernt, sondern auf das Blindholz aufgeleimt wurde, das aber Gefahr läuft, sich später zu zersetzen.
Das trockene, dünne und vom Leim festgehaltene Furnierholz ist grundsätzlich stabil und sollte mit dem Blindholz eine Einheit bilden. Aber es wird auf ein Holz aufgeleimt, das andere Eigenschaften besitzt und nicht wie heutzutage auf der Rückseite des Blindholzes mit einer Sperrholzplatte verstärkt wird. Unter gewissen Umständen reagieren Furnier und Blindholz nicht gleich, so daß eine Spannung zwischen ihnen entsteht und das Furnier sich abhebt. In einer zu feuchten Atmosphäre wirft es sich. Wenn auf eine feuchte Zeit plötzliche Hitze folgt, zieht es sich zusammen und bekommt feine, der Faserrichtung des Holzes folgende Risse; wenn es der Faserrichtung des Blindholzes gleichläufig aufgeleimt wurde, reißt es noch leichter.
Die meisten Schäden an furnierten Möbeln rühren indessen vom Spiel von Blindholz und Leim her. Das Blindholz kann sich zusammenziehen und reißen: Dann gehen die Fugen, die nicht unbedingt jenen des Furniers entsprechen, auseinander (Abb. 30). Man beginnt die Bewegungen des Blindholzes unter dem Furnier zu ahnen, ehe sie es diesen Stellen entlang aufreißen und abheben, auch wenn es gut geleimt war.
Ungenügend ausgeräumter Leim bildet Verdickun-

30
Oberseite einer *Louis-Quatorze*-Kommode. Da eine der Fugen des Blindholzes nachgegeben hat, ist die Intarsie den ganzen Riß entlang aufgesprungen. (Paris, Musée de Cluny)

31
Geworfenes Furnier mit Blasen

gen, kristallisiert und verhindert das Haften des Furniers auf dem Blindholz, dem übermäßige Wärme auch die Feuchtigkeit entziehen kann. Das abgelöste Furnier wirft sich an den Fugen auf oder wird von nicht immer sichtbaren «Blasen» (oder «Buckeln») befallen (Abb. 31).
Alle diese Unfälle können zum Verlust ganzer Furnierteile führen, wenn nicht rechtzeitig eingegriffen wird.
Ehe die Tischlerarbeit repariert wird, muß zunächst der Kasten des Möbels konsolidiert werden: Man überprüft den Zustand des Holzes, des Fugenwerks, der Füße, der Querleisten und das Gleiten der Schubladen. Es ist zwecklos, ein Furnier sorgfältig zu reparieren, wenn schlecht öffnende Schubladen es nachher wegreißen. Um das Blindholz zu reparieren, muß häufig das Furnier abgelöst werden.

Ablösen des Furniers

Soll vor oder nach dem Ablösen abgebeizt werden? Das hängt von dem zu behandelnden Möbelstück ab. Wenn es sehr angegriffen ist, scheint es angezeigt, zuerst abzubeizen. Das bietet vor allem den Vorteil, bei früheren Restaurierungen vorgenommene Retuschen freizulegen und vielleicht abzuklären – wenn hinsichtlich der Holzart für die zu ergänzenden Stücke ein Zweifel besteht –, um was für ein Holz es sich handelt. Aber oft empfiehlt es sich, nach dem Neuleimen abzubeizen. Das vor der Restaurierung angewandte Abbeizmittel dringt unter das Furnier: Vor dem Neuleimen müssen alle Reste abgekratzt werden, weil der Leim sonst nicht haftet. Außerdem birgt das vorgängige Abbeizen die Gefahr, daß nicht mehr festsitzende Partien beim Neuleimen unbemerkt bleiben und sich später lösen, wenn sie beim Färben oder Firnissen feucht werden.
Es scheint notwendig, nochmals zu betonen, daß möglichst wenig abgelöst werden soll. Das Furnier wird nur dort ganz oder teilweise abgenommen, wo das Blindholz repariert werden muß oder überhaupt kein Leim mehr vorhanden ist. Man muß prüfen, ob er noch haftet oder nicht: Wozu alles abnehmen, wenn er noch gut ist? Man ist andererseits gezwungen, die löcherigen oder schlecht eingepaßten und deshalb auffälligen Furnierteile zu entfernen, die bei früheren Restaurierungen eingesetzt wurden; man wird sie jedoch auf wenig sichtbaren oder von Bronzeverzierungen verdeckten Stellen belassen, es sei denn, sie bestünden aus Säge- oder Messerfurnier.
Es ist nicht überflüssig, die Gefahren des Ablösens zu erwähnen. In erster Linie die Gefahr, gewisse Hölzer (wie Satinholz, Mahagoniäste, Knorren, Hirnholz, Platane, Sykomore) zu zerbrechen, die mit ihren Schattierungen auf dem Möbel kaum oder überhaupt nicht ersetzt werden können. Die kleinen Teilchen der Intarsien – etwa die Blumenstiele – sind kaum mehr zu gebrauchen, wenn sie einmal abgelöst wurden. Da das alte, von Hand ausgesägte Furnier keine gleichmäßige Dicke aufweist, muß man nach dem Einsetzen von neuen Teilchen und dem Einleimen die Außenseite des Furniers nivellieren, ihm also ein wenig von seiner Dicke rauben und ein wenig von seiner Farbe, und allenfalls vorhandene Gravierungen abnutzen. Im Falle der eingesetzten

32
Abnehmen eines Mahagonifurniers. Nachdem der Tischler den Leim mit einem Furniereisen erwärmt hat, hebt er das Furnier mit einer Klinge ab.

Intarsien (vgl. S. 52) vor allem sind die neu eingefügten Teile dicker als der Fond: Beim Nivellieren kann man, wie die Kunsttischler sagen, daneben «ein Loch erwischen»; wenn man sich das Ablösen einer intarsierten Tafel überlegt, sollte man wissen, ob es sich um eingesetzte Intarsien handelt oder nicht. Und wenn schließlich ein Furnier abgenommen wird, läuft man beim Aufleimen Gefahr, es nicht an die genau gleiche Stelle zu setzen, vor allem, wenn es geschwungen ist. In schweren Fällen ist das völlige Ablösen einer flachen Stelle annehmbarer als das einer gewölbten.

Das Ablösen des Furniers wird trocken oder feucht vorgenommen, und beide Methoden können bei ein und demselben Möbel abwechselnd benutzt werden, da gewisse Teile sich leichter lösen als andere. Das Holz wird mit einer sehr dünnen Stahlklinge abgehoben, die zudem abgerundet ist, um ein Durchlöchern zu vermeiden. Wenn trocken abgelöst wird, was vorzuziehen ist, genügt es, die Klinge unter dem Furnier durchzuführen, sofern der Leim nur schwach haftet. Andernfalls wird mit einem Furniereisen erwärmt, um ihn aufzuweichen oder zu verbrennen; dabei legt man ein dickes Papier oder einen Bristolkarton zwischen Eisen und Furnier, um das Holz nicht zu verbrennen (Abb. 32).

Wenn ganz abgelöst werden muß, kann das Möbelstück notfalls zwei oder drei Tage lang in einem feuchten Keller untergebracht werden, um die Operation zu erleichtern, die sofort anschließend vorgenommen wird. Um jedes Risiko zu vermeiden, wird das abgenommene Furnier anschließend in eine Presse gelegt und die Restaurierung erst dann begonnen, wenn das Blindholz ganz trocken ist.

Wenn der Leim stärker haftet, injiziert man mit einer Spritze 95gradigen Alkohol unter das Furnier. Da dieses Verfahren nicht in allen Fällen ausreicht, ist zuweilen ein Ablösen mit Dampf ins Auge zu fassen, ein heikles Unternehmen, da das Holz Gefahr läuft, sich zu werfen, zu quellen und nachher nicht mehr seinen richtigen Platz einzunehmen. Das Furnier wird mit einem nassen Lappen angefeuchtet, auf den ein mittelwarmes Eisen gestellt wird (Abb. 54). Während man ein Stück ablöst, schiebt man das feuchte Tuch mit dem warmen Eisen auf den nächsten Teil. Das Ablösen geht so immer rascher vor sich. Gegebenenfalls kann man am Vorabend eine dünne Schicht feuchtes Sägemehl von rohem Holz auf die abzulösende Fläche streuen. Die nicht zum Wiederanleimen bestimmten Furnierteile werden mit dem Eisen verbrannt oder mit Hammer und Beitel entfernt.

Wenn eine Intarsie ganz oder teilweise abgenommen wird, benutzt man während des Ablösens laufend Klebstreifen, um die Motive zusammenzuhalten, damit sie nicht verlorengehen und ihren angestammten Platz bewahren: So wird die Tafel nach und nach neu zusammengesetzt (Abb. 33). Wenn die Intarsie viele Lücken aufweist, wird dieses Vorgehen recht heikel: Es empfiehlt sich, die Umrandung zuletzt abzulösen, damit sie als Anhaltspunkt dienen kann.

Beim Ablösen gewölbter Furniere, die man nicht flach bearbeiten kann, empfiehlt es sich, vorher einen Klotz anzufertigen, der die Form des Bogens besitzt (vgl. S. 67). Während des Ablösens legt der Restaurator laufend die Furnierteile umgekehrt auf den Klotz, auf dem er sie befestigt, um die Wölbung beizubehalten. Dank diesem Klotz kann man den neuen Teilchen ihre Form geben, die Rückseite abkratzen, sie im Falle einer Boulle-Arbeit nivellieren und beim Furnieren pressen.[3]

Es ist leichter, ein Furnier von Eichenholz abzulösen als von einem weichen Holz, an dem es besser haftet. Bei Tannengestellen löst die obere Faserschicht sich manchmal ab und bleibt am Furnier hängen. Fette Hölzer – Rosenholz, Veilchenholz, Palisander – lösen sich im Gegensatz zum Mahagoni ziemlich leicht ab. Es gibt wie schon gesagt Hölzer, die zu reißen drohen, wenn man sie abnimmt. Bei abzulösenden Knorren, Knoten oder gefärbter Sykomore muß man die betreffenden Stellen erst eingespannt trocknen lassen, damit sie sich nicht werfen.
Der Leim wird mit einem gezahnten Schabeisen vom Blindholz und der Rückseite des Furniers gekratzt. Nach dem Ablösen werden die erforderlichen Restaurierungen am Blindholz vorgenommen.

33
Wiederherstellung des Furniers. Das Furnier der beiden Flügel des Sekretärs (Abb. 29) wurde abgenommen und wird mit Klebband auf der Vorderseite zusammengehalten. Links der linke Flügel (Rückseite); rechts der rechte Flügel (vgl. Abb. 45).

Ersetzen einzelner Stücke

Eine selbstverständliche, dem bereits vom Ablösen Gesagten entsprechende allgemeingültige Regel: so wenig wie möglich noch vorhandenes Furnier ersetzen. Nicht nur, um dem Möbel möglichst viele alte Elemente, die Adern und die Farbe des ursprünglichen Holzes zu erhalten, sondern auch, weil es oft schwierig ist, ein genau passendes Stück zu finden, selbst wenn man über die gewünschte Holzart verfügt: Korn und Äderung des Holzes sind nicht immer gleich.

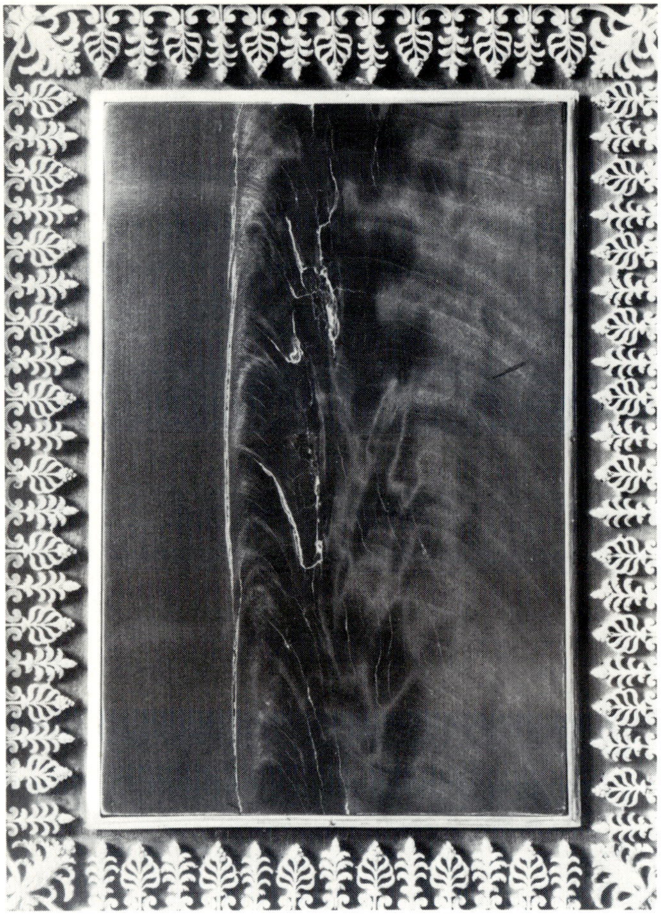

34
Schlecht restauriertes Furnier. Auf dieser mit moiriertem Mahagoni furnierten Tafel ist der linke Teil durch einen in Faserrichtung geschnittenen Streifen Mahagoni ersetzt worden.

Deshalb wird man auch ein Stück Furnier, das wegen früherer Restaurierungen zu dünn geworden ist, nicht ersetzen, sondern in seiner Dicke ausgleichen, um das Aussehen des Möbelstücks zu bewahren: Man «stützt» es auf der Rückseite mit einer dünnen Furnierunterlage (etwa aus Nußbaumholz), die manchmal nur ein untergeklebter Span sein wird. Anstatt ganze Teile zu ersetzen, ist es in manchen Fällen vorteilhaft, die kleinen Löcher mit Schellack und Firnis zu retuschieren, auch wenn sie sich, wie dies häufig geschieht, auf die Dauer nicht verheimlichen lassen.

Aber selbstverständlich muß ersetzt werden, was verlorengegangen oder so zerbröckelt ist, daß nichts gerettet werden kann, ferner was bei früheren Restaurierungen schlecht ersetzt wurde.

Das Holz für die Ausbesserungen wird je nach dem Aussehen des Furniers des Möbels gewählt (Abb. 34). Dabei ist es häufig schwer, die Holzart mit Sicherheit zu bestimmen: Schließlich können verschiedene Arten nicht mehr unterschieden werden, und kleine Teilchen werden überhaupt unbestimmbar.[4] Natürlich ist es wie gesagt von Vorteil, die Stücke alter Furniere verwenden zu können, schon nur um keine Farbtöne angleichen zu müssen. Gewisse Teile des eigenen Furniers des Möbels, die zu beschädigt sind, um wieder aufgeleimt zu werden, können kleinformatige Stückchen liefern. Um die sichtbaren Flächen eines Möbels zu restaurieren, benutzen die Restauratoren zuweilen das Furnier weniger sichtbarer Teile: Es scheint empfehlenswert, diese gefährliche Lösung auf Notfälle zu beschränken. Wenn man sich eines Furniers bedient, das im Verhältnis zum Furnier des zu restaurierenden Möbels zu dick ist, verliert man seine äußere Farbe durch das Nivellieren nach dem Anleimen. Es ist deshalb besser, es vor dem Einsetzen auf der Unterseite zu verdünnen, die abgeschabt wird, nachdem die Vorderseite auf ein Papier geklebt wurde. Wenn ein neues Furnier eingesetzt werden muß, wird ein Eckchen abgekratzt und gefirnißt, um das Aussehen zu kennen, das es bei der Fertigstellung annehmen wird.

Wenn ein neues Stück benötigt wird, das entweder eine Lücke ausfüllen oder einen beschädigten Teil ersetzen soll, gibt es zwei Möglichkeiten. Im günstigsten Fall ist die Form gegeben, wenn es sich um ein genau abgegrenztes Stück der Intarsie handelt, oder sie ergibt sich natürlich aus dem Faserverlauf des Holzes. Ein schadhafter Ast oder Knorren wird entfernt und durch einen anderen Ast oder Knorren ersetzt, was mit einem Locheisen geschehen kann.

Aber welche Form muß man dem Stück unter weniger günstigen Umständen geben, damit es sich in die Faserung des Furniers einfügt? Die Restauratoren sind bemüht, quer zur Faser verlaufende Ausbesserungen nach Möglichkeit zu vermeiden, weil sie auffallen, und das eingesetzte Stück in eine Fuge oder einen Rand einmünden zu lassen (Schema 12). Befindet die zu ersetzende Stelle sich an einem Rand oder in dessen Nähe, so geben sie dem Stück von diesem Rand ausgehend die Form einer mehr oder weniger länglichen Abschrägung. Befindet das Stück sich jedoch in der Mitte einer Fläche, so ersetzen sie einen Streifen von einem Rand des Furniers zum anderen, sofern sie über das nötige Holz verfügen und die zu ersetzende Fläche nicht allzu groß ist. Tatsächlich ist ein eingesetzter Furnierstreifen oft auffälliger, wenn er schmal ist. Wenn dieses Vorgehen nicht durchführbar ist oder das Abnehmen einer zu großen Furnierfläche erfordert, geben sie dem Stück die Form einer Raute, die sich in der Faserung des Holzes verliert. Wenn die Faser kurvenartig verläuft oder die Stellen knorrig sind, lassen die gewundenen Linien sich leichter einschmelzen. Um ein Stück einzusetzen, wird die betreffende Stelle mit dem Stift markiert; dieser Linie entlang entfernt man mit Hammer und Beitel einen dünnen Faden des Furniers und höhlt dann

35
Aufnahme des Abdrucks eines nicht mehr vorhandenen intarsierten Motivs aus Schildpatt.

mit Beitel oder Löffel den Rest der so umrissenen Stelle aus. Es ist natürlich bedauerlich, daß einen dies zwingt, ein – möglichst kleines – Teilchen noch guten alten Furniers zu opfern. In manchen Fällen ist wohl eine sichtbare Ausbesserung vorzuziehen.

Das gewählte neue Furnier wird mit dem des Möbels verglichen, und manchmal läßt das fehlende Stück sich mit dem Beitel ausschneiden und direkt einsetzen. Aber meistens nimmt man einen Abdruck der zu ergänzenden Stelle; zu diesem Zweck werden die Ränder der Vertiefung mit einem Bleistift geschwärzt, ehe ein weißes Blatt Papier daraufgelegt wird; man kann auch das Blatt Papier mit einem Blatt Kohlepapier und dann einem weiteren Blatt überziehen, um das Kohlepapier vor dem Reißen zu schützen, und erhält reibend eine Pause auf dem ersten Blatt. Dieses Muster wird auf das Furnier geklebt. Nach dem Trocknen wird das Stück ausgeschnitten und auf das Blindholz geleimt, während das Papier mit einem Eisen entfernt wird.

Wenn es sich um geradlinige Stücke handelt, werden sie mit der Furniersäge oder dem Stechbeitel ausgeschnitten (Abb. 36). Das Sägen gestaltet sich schwieriger, wenn es sich um eine Einlegearbeit mit geschwungenen Formen handelt. Wer von Beruf intarsiert, bedient sich zum Ausschneiden noch des herkömmlichen Sägebocks, der aus Bank und Schraubstock besteht (Abb. 11). Er sitzt rittlings vor dem senkrechten Schraubstock und hält und führt mit der Linken das im Schraubstock befestigte Stück Furnier, wobei die Spannung dank einer mit dem Fuß betriebenen Leine geregelt wird. Im 18. Jahrhundert sägte der Kunsttischler waagrecht mit der Furnier- oder Laubsäge; sie bestand aus einem Metallrahmen, in den je nach dem zu schneidenden Material verschiedene Sägeblätter eingesetzt wurden (Abb. 36). Im 19. Jahrhundert wurde das Sägen vervollkommnet, indem rechts vom Schraubstock ein Arm mit einem gleitenden Sägerahmen montiert wurde, den man von Hand betrieb und der sich ebenfalls waagrecht und quer zum Schraubstock bewegte. Solche Sägeböcke werden heute nicht mehr hergestellt, da sie von der elektrischen Dekupiersäge mit senkrecht arbeitendem Blatt verdrängt wurden. Sägebock und Dekupiersäge erlauben, das gleiche Motiv gleichzeitig aus mehreren Blättern auszuschneiden, liefern aber nur Stücke mit senkrechtem Rand. Die natürlich sehr dünnen Sägeblätter werden oft von den Handwerkern selbst aus Uhrfederstücken hergestellt.[5]

Für den Restaurator ist dieses Werkzeug zu umständlich und nicht rentabel; er verwendet lieber ganz einfach die senkrecht geführte Furniersäge. Er hält das Holz mit der linken Hand fest und klemmt es gegebenenfalls zwischen zwei Keile (in diesem Fall kann ein Schmirgelpapier unter das Furnier gelegt werden, damit es nicht rutscht). Die Furniersäge erlaubt, konisch zu sägen, was für die Erneuerung von Stücken eingesetzter Intarsien unerläßlich ist; die Ränder der intarsierten Motive werden gegen innen konisch zugeschnitten und die des Fonds konisch von innen nach außen. Man kann auch mit dem Hohlbeitel schräg schneiden. Wenn große Flächen mit eingesetzten Intarsien erneuert werden müssen, wird zuerst der Fond furniert und anschließend ausgehoben, um die Intarsie einzusetzen. Gewisse brüchige Furniere wie Hirnholz von Veilchenholz werden vor dem Aussägen auf ein Papier geklebt.

Das ausgeschnittene Stück muß vor dem Leimen eingepaßt werden. Ein gut eingepaßtes Stück fällt nicht auf. Die Ränder werden mit dem Beitel oder dem Metallhobel nivelliert.

Die Intarsien sind zuweilen schattiert oder graviert – eine Verzierung, die wiederhergestellt werden kann, sofern wir über genügend Hinweise verfügen. Aber es kommt vor, daß man zwar die Umrisse der verlorenen Motive kennt, nicht aber ihre Verzierung. Um zu schattieren, wird sehr feiner Sand verwendet; man gibt eine Schicht von wenigen

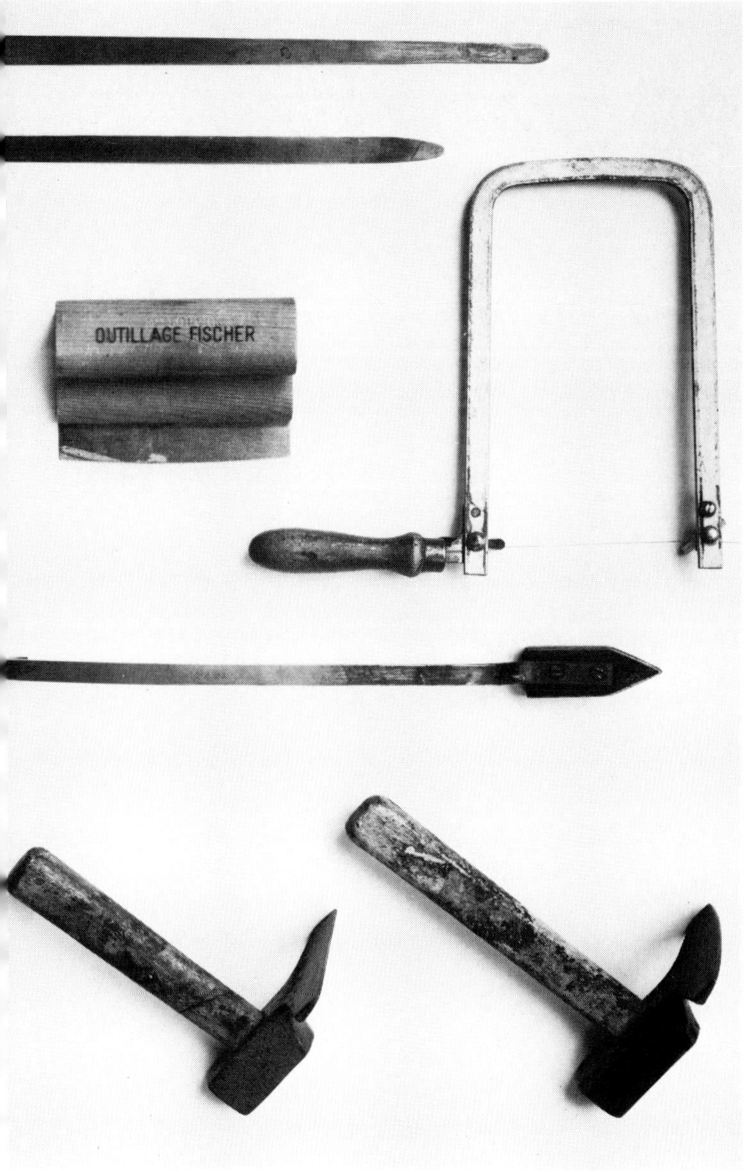

36
Verschiedene Werkzeuge zur Restaurierung des Furniers. Von links nach rechts: Stahlklingen, Furniersäge, Laubsäge, Furniereisen, Furnierhammer (ein konvexer für die konkaven Flächen und ein gerader).

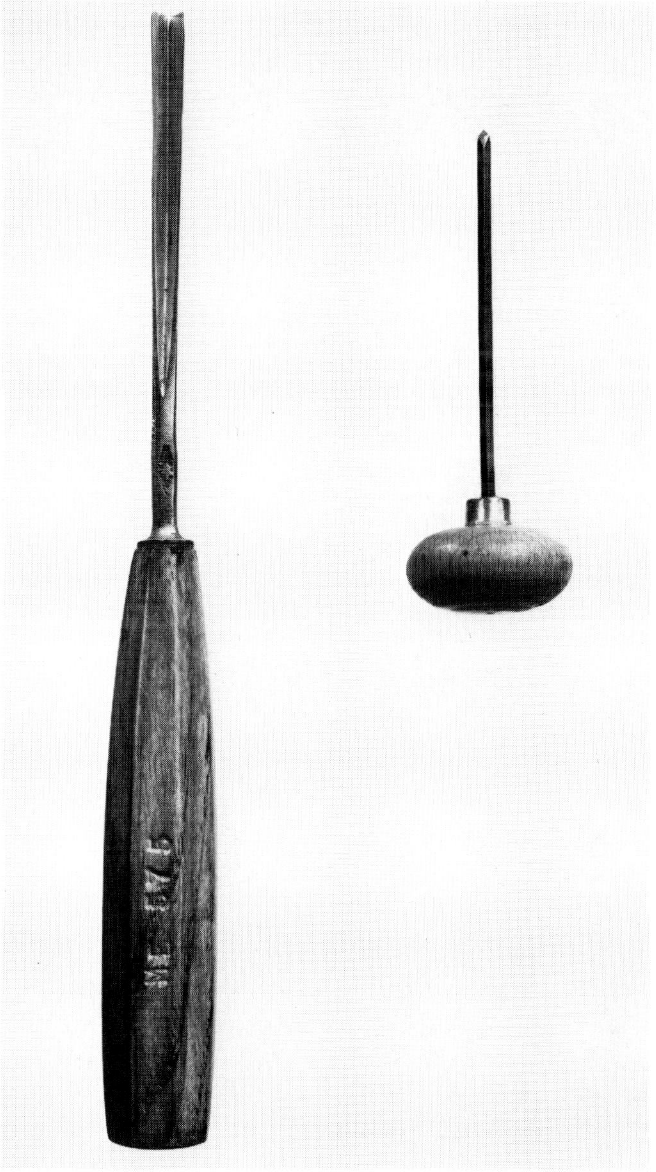

37
Stichel. Links: Hohlstichel, um das Holz zu gravieren. Rechts: Radiernadel des Kupferstechers, um Boulle-Intarsien zu restaurieren.

Zentimetern in ein Metallgefäß, das auf einem Gaskocher sehr stark erhitzt wird. Nach vorgängigen Versuchen wird das Stück ganz oder teilweise eingetaucht. Die Hitze und die Dauer des Eintauchens hängen von der Holzart und von der gewünschten Farbe ab. Da die Hitze nicht in der ganzen Sandschicht gleichmäßig ist, erhält man eine abschattierte Tönung.

Die Gravierung wird später restauriert. Wenn die Intarsie gleichartige oder symmetrisch gravierte Motive aufweist, werden sie vor dem Abschleifen von einem gut erhaltenen Motiv durchgepaust und während des Finish auf die abgenutzten oder neuen Motive übertragen. Man graviert mit einem Hohlstichel und nicht mit der Radiernadel des Kupferstechers. Auf Hirnholz gibt es keine Gravierungen.

Ein besonderes Problem stellt sich, wenn die schmalen Leisten ersetzt werden müssen, die die Furniertafeln einrahmen. Wenn es sich um gruppierte Leisten handelt, werden sie vom Restaurator zusammengeklebt und erst dann auf das Blindholz aufgezogen. Er schneidet sie aus und nagelt eine Latte auf ein Brett, gegen die er die erste Leiste legt, die manchmal aus mehreren aneinandergereihten Stücken besteht; dann trägt er Leim auf die sichtbare Kante der Leiste auf und leimt eine zweite Leiste an, die er mit einer weiteren, davorgenagelten Latte anpreßt. Nach dem Trocknen kann die Operation nötigenfalls auf dieselbe Weise mit weiteren Leisten fortgesetzt werden. Unter Umständen werden die Leisten gleichzeitig auf ein Papier aufgeklebt.

Der Schellack ist wie bereits erwähnt nützlich, um das Ersetzen von Furnierstücken zu vermeiden, die nur kleine Löcher aufweisen. Er wurde schon im 18. Jahrhundert für Retuschen verwendet, schreibt doch Roubo: «Was die Methode betrifft, die darin besteht, Schellack, Kolophonium oder andere Zutaten mit Wachs zu vermischen, um das Furnier zu polieren, so ist sie bestimmt in mancherlei Hinsicht gut; sie dient aber auch oft dazu, die Mängel der Arbeit zu vertuschen, besonders für diejenigen, die keine gründliche Kenntnis davon besitzen.»[6] Der Schellack in Stäben ist nicht zu empfehlen. Es ist besser, ihn in Form von Blättchen zu verwenden, die mit verschiedenen Erden oder Fuchsinen eingefärbt werden können. Der Restaurator bereitet ihn selbst zu. Er benutzt ein heißes Eisen, um ihn einzuschmelzen und in die Löcher zu bringen, wobei darauf geachtet werden muß, das Holz nicht zu verbrennen. Sobald der überschüssige, hart gewordene Schellack entfernt ist, kann das Abschleifen des Möbels in Angriff genommen werden. Die allzu sichtbaren «Schellackierungen» werden durch den Firnis vertuscht.

Wiederaufleimen des Furniers

Welche Art des Leimens man immer wählen mag, es gibt gewisse Prinzipien, die stets befolgt werden müssen. Wenn das Blindholz und die Rückseite des Furniers entblößt sind, macht man dort «Platz für den Leim», das heißt Vertiefungen mit dem Zahnhobel, selbst wenn es schon welche gibt, damit der Leim besser haftet. Es gibt Kunsttischler, die nur das Blindholz einleimen, aber man soll immer beide Flächen behandeln. Beim Pressen schließlich muß der Druck von der Mitte der zu leimenden Fläche ausgehen, damit der Leim zu den Rändern getrieben wird, wo er austreten kann; falls der Leim unter das Furnier gegeben wird, ohne es abzunehmen, drückt man zuerst auf den vom Rand am weitesten entfernten Teil.

Es können nur zwei vollkommen in Berührung befindliche Flächen zusammengeleimt werden. Ein Furnier, das sich geworfen hat und dabei steif und trocken geworden ist, muß wieder in Ordnung gebracht werden. Wenn es nur leicht gewellt ist, kann es unter der Einwirkung des Furniereisens (siehe unten) von selbst seinen Platz wieder einnehmen. Andernfalls läuft es Gefahr, zu brechen: Es muß abgenommen, auf einer oder beiden Seiten befeuchtet und gegebenenfalls leicht auf ein Papier aufgeklebt werden, ehe es unter eine laue Zinkplatte gelegt wird. Der Leim versteift es, während die Platte es gleichzeitig trocknet.

STÜCK UM STÜCK MIT DEM HAMMER LEIMEN

Diese schwierige Methode, die das völlige Abnehmen des Furniers vermeidet, wenn das Blindholz sich in gutem Zustand befindet, ist eine empfehlenswerte Art des Restaurierens. Sie erlaubt, während man den Zustand des Furniers prüft mit dem sofort bindenden Knochenleim ein Stück nach dem anderen zu leimen.

Der Kunsttischler richtet sich so ein, daß er die Möbelfläche im Streiflicht sieht, um die neu zu leimenden Stellen leichter zu erkennen. Sie sind nicht immer augenfällig: Es ist notwendig, langsam fortschreitend mit dem Finger, dem Auge, dem Ton[7] und der Klingenspitze zu prüfen, ob das Holz losgeleimt ist oder demnächst sein wird. Man muß sich vor den Oberflächen hüten, die gut nivelliert scheinen, denn in gewissen Fällen halten sie nur, weil sie verspannt sind, kleben aber nicht mehr fest und werden sich bei den folgenden, sie befeuchtenden Operationen ablösen. Die Blasen lassen sich schwerer entdecken, wenn bei einem allzu abgeschabten Möbel das Furnier dünn geworden ist.

Es gibt Kunsttischler, die sich damit begnügen, die Blasen in nicht gerissenen Furnieren bloß mit dem Eisen plattzudrücken, ohne Leim einzugeben, was jedoch unerläßlich ist. In einem solchen Fall muß die Blase mit einem in der Faserrichtung eingeführten dünnen und widerstandsfähigen Messer in ihrer ganzen Länge inzidiert werden. Wenn das Furnier schon einen abgelösten Rand aufweist, hebt man ihn hoch, nachdem man ihn mit Klebstreifen gesichert hat, falls er zu zerbröckeln droht. Der Leim wird mit einer geschmeidigen Stahlklinge – etwa dem «Fischbein» eines Korsetts – eingeschoben. Es muß viel Leim gegeben werden, um sicher zu sein, daß er überall eindringt. Wenn das Furnier sich ganz ablöst, wird der Leim mit dem Pinsel aufgetragen.

Der Restaurator nimmt einen mäßig nassen Schwamm in die Linke und das Furniereisen[8] in die Rechte und befeuchtet die zuvor mit Leim behandelten Stellen mit diesem Schwamm; dabei wird das Holz feucht, so daß das Eisen es nicht verbrennt und zugleich besser gleitet. Das lauwarm aufgedrückte Eisen erwärmt den steif werdenden Leim und verteilt ihn bis unter die unzugänglichen Stellen; gleichzeitig erwärmt es auch den alten, noch unter dem Furnier vorhandenen und nicht von der Zeit zerstörten Leim und läßt alten und neuen verschmelzen. Wenn das Furnier dünn oder bröckelig ist, wird es ganz allmählich mit dem Eisen erwärmt, damit es nicht kleben bleibt.

Unter kräftigem Andrücken wird anschließend mit der Pinne des Furnierhammers das Haften verstärkt und der Leim ausgetrieben: Das ist sehr wichtig, um keine Verdickungen entstehen zu lassen. Der überschüssige Leim wird mit dem Schwamm entfernt. Eisen und Hammer pressen und nivellieren gleichzeitig. Dank dem alten und neuen Knochenleim, die sich unter dem Furnier vermischen, werden die nicht abgelösten und die neu eingeleimten Stücke gut zusammengeschweißt.

Manchmal scheint der Hammer unzureichend, um bestimmte Teile zu fixieren, besonders bei gebogenen Formen: Vorsichtshalber legt man deshalb das neu geleimte Stück Furnier unter eine dünne Holzplatte (etwa ein Sperrholz aus Okumé), die man mit einer Handpresse festhält oder mit Furnierstiften, die in eine Fuge oder einen Spalt eingelassen werden.

Während so Stück um Stück neu angeleimt wird, nimmt man fortlaufend die am Blindholz notwendigen Ausbesserungen vor: Holzpaste in die wurmstichigen Stellen, Nivellieren der Fugen usw. Nach und nach werden die erforderlichen Stücke ausgeschnitten und eingesetzt; die neuen gebogenen Teile werden geformt, indem man sie mit einem Eisen anwärmt, ohne sie zu stark zu befeuchten.

Das Aufleimen mit dem Hammer wird besonders für die gerundeten Flächen empfohlen und für die eingesetzten Intarsien, deren völliges Ablösen ge-

38

Sandfurnier. Diese Konsole ist eine Boulle-Arbeit (vgl. Abb. 58); sie wurde auf der konkaven Rückseite mit einer Kupferfolie furniert. Nun wird sie neu geleimt, indem sie zwischen einem geformten Klotz und einem Sandsack gepreßt wird, den seinerseits eine Holzplatte festhält.

39

Klötze und Gegenklötze, die geformt wurden, um Teile einer Boulle-Intarsie zu furnieren. Einige weisen eine Zwischenlage aus Karton auf.

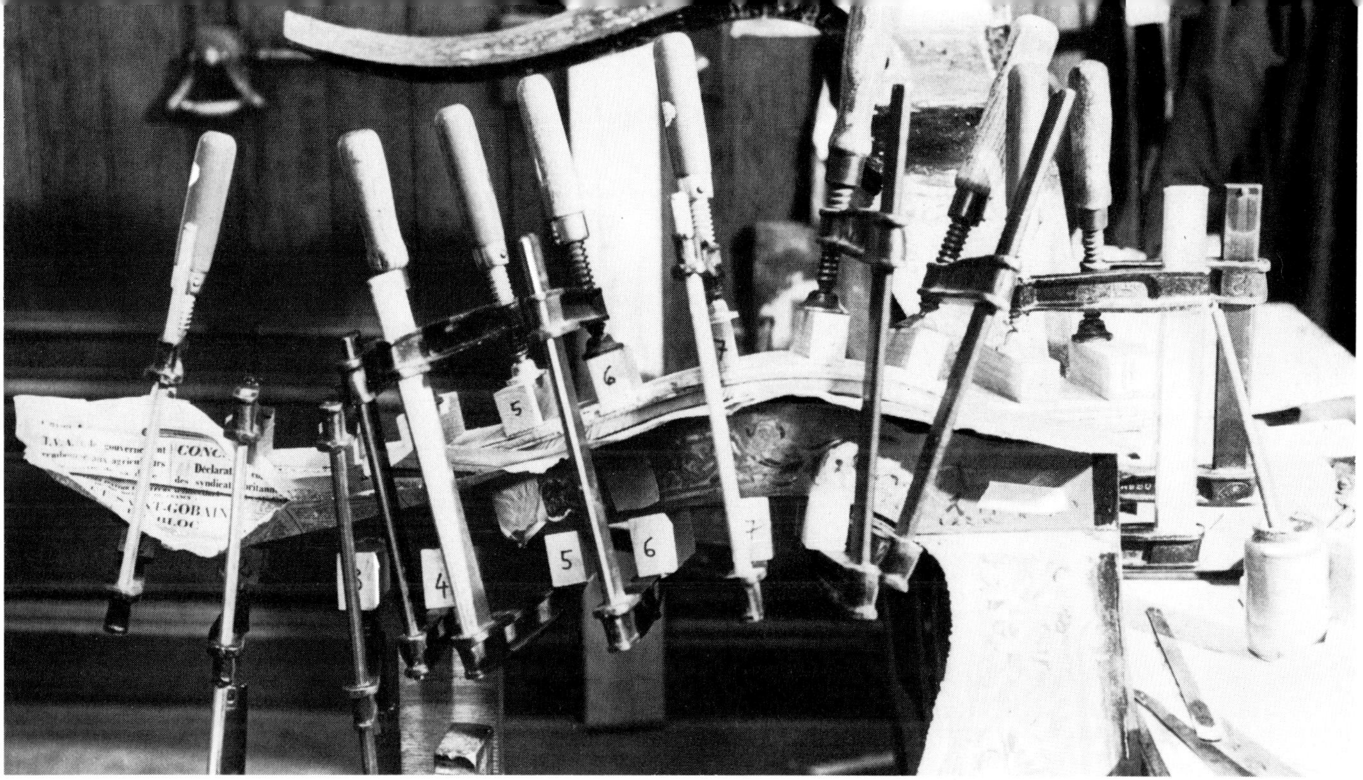

40
Furnieren eines Tischbeins mit Hilfe eines aus mehreren Schichten Sperrholz geformten Klotzes. Auf diesen Klotz sind die Preßplatten genagelt, auf denen die Handpressen ansetzen.

fährlich ist (vgl. S. 54). Die zu fixierenden Teile werden gleichzeitig ganz genau an ihren ursprünglichen Ort gelegt und ungesäumt nivelliert. So läßt sich das Risiko vermeiden, wenn man zum Beispiel nicht weiß, ob eine Intarsie eingesetzt ist oder nicht. Das Furnieren mit dem Hammer dient auch in Fällen, in denen das ganze Furnier abgenommen wurde, besonders wenn es sich um kleine, ebene oder gerundete Flächen handelt.

FURNIEREN MIT PLATTEN ODER KLÖTZEN

Je nach der Gestalt und den Ausmaßen der zu leimenden Fläche und je nachdem, ob die furnierten Tafeln abgenommen werden konnten oder nicht, bedient man sich auch anderer Methoden: Sie alle benutzen verschiedene Arten von Platten oder Klötzen, die den Druck einer Preßvorrichtung auf das Furnier übertragen.

Wenn eine ganze abgenommene Tafel zu furnieren ist, wird der Leim zuerst mit dem Pinsel auf beide Flächen aufgetragen, ehe das Furnier – gegebenenfalls durch zwei Personen, wenn es sehr groß ist – auf das Blindholz gepaßt wird; eine flache Tafel kann vorübergehend mit Gewichten festgehalten werden. Damit das Furnier sich nicht verschiebt, wird es mit Klebstreifen auf dem Blindholz befestigt. Wenn dies nicht möglich ist, bringt man dem äußeren Furnierrand entlang sehr feine (und möglichst wenige) Furnierstifte an, die eingefettet

41 bis 43
Anfertigung eines aus Gips geformten Klotzes für ein Teilstück einer Boulle-Intarsie: das sowohl in der Höhe als auch in der Breite gerundete abzulösende Element; – nach dem Ablösen wird eine Verschalung vorbereitet, in die der Gips gegossen wird. – Gipsabguß und wiederhergestelltes abgelöstes Furnier.

werden und genügend hervorstehen, um später leicht entfernt werden zu können; sie werden in die Fugen gesetzt oder an die Stelle der Bronzeverzierungen. In diesem Fall muß die zu furnierende Fläche mit einem Karton bedeckt werden, in den die Stifte eindringen. Dann werden die Platten oder Klötze gerichtet.

Die Platten oder Klötze

Die sogenannte Heizplatte dient dazu, eine vollkommen ebene Fläche zu erhalten und vor allem den Knochenleim während des Pressens zu erwärmen. Die Platte muß gleichmäßig warm sein, wobei auf die richtige Temperatur zu achten ist: Bei zu großer Hitze kann die Platte den Leim verbrennen; bei zu niedriger Temperatur bleibt sie unwirksam. Sie wird immer durch ein Blatt Papier (möglichst Zeitungspapier) vom Holz getrennt, damit sie bei allfälligem Durchtreten des Leims nicht am Furnier kleben bleibt. Für ebene und gerundete Flächen werden verschiedene Platten oder Klötze benutzt.

EBENE FLÄCHEN Die Platte besteht meistens aus einem 3 bis 4 mm starken Blatt Zink oder Aluminium, das erhitzt wird, ohne es zu verbrennen (unter 100°). Wenn aber das Furnier unterschiedliche Dicken aufweist, benutzt man einen mehr oder weniger steifen und dicken Karton, der sich den Unregelmäßigkeiten anpaßt und für eine gute Verteilung des Preßdrucks sorgt.

GERUNDETE FLÄCHEN Die herkömmliche Methode besteht im Sandfurnieren (Abb. 38). In einem Behälter wird sehr feiner Sand erhitzt und dann in ein Leinentuch eingeschlagen, das die Ausmaße der zu leimenden Fläche um ein weniges übersteigt. Der Sand wird auf die Tafel gelegt und zusammengedrückt, um sich der Form anzuschmiegen, und mit einem oder mehreren Holzklötzen bedeckt. Das Vorgehen ist nicht ungefährlich: Das Furnier muß mit größter Genauigkeit befestigt werden, denn es wäre katastrophal, wenn es sich nicht haargenau an seinem früheren Platz befände oder während des Pressens verrutschte.

Wenn die Wölbung nicht sehr stark ist, benutzt man die Zinkplatte oder wiederum einen Karton oder ein biegsames Sperrholz, auf das die Preßklötze genagelt werden. Für sehr stark gewölbte Stellen muß ein besonders geformter Klotz angefertigt werden.

44
Furnier- oder Spannrahmen zum Furnieren von Blindholz

Er ist häufig aus massivem Holz (Abb. 39), kann aber auch aus mehreren Schichten Sperrholz (Abb. 40) oder aneinandergelegten und zusammengeleimten Latten geformt werden. Wenn die Form gleichzeitig in der Höhe und in der Breite gewölbt ist, wird man vorzugsweise mit Gips oder Kunstharz einen Abdruck herstellen, nachdem man die Oberfläche isoliert hat. Im ersten Fall legt man die Tafel in einen Holzrahmen und füllt Gips ein, der mit verschiedenen Stoffen (wie Flachs, Draht) verstärkt wird (Abb. 41 bis 43). Im anderen Fall umgibt man die Tafel mit Plastilin und bedient sich eines flüssigen Harzes und eines Härters. Zuweilen wird ein dünner Karton zwischen das Furnier und die Preßform gelegt, sofern die Wölbung dadurch nicht

45
Das wieder aufgeleimte Furnier des Sekretärs der Abb. 29

beeinträchtigt wird. Diese Preßvorrichtung kann durch eine Gegenplatte ergänzt werden.

Das Pressen

Je nach den Ausmaßen der zu leimenden Flächen werden Handpressen oder Furnierrahmen verwendet. Dabei ist darauf zu achten, daß überall der gleiche Druck herrscht, um Leimverdickungen zu vermeiden.
Die hölzerne oder metallene Handpresse setzt auf der das Furnier bedeckenden Platte auf; für örtlich begrenztes Leimen wird nur eine benutzt, andernfalls werden mehrere über die Platte verteilt. Wenn es sich um große Tafeln handelt, die abgenommen werden konnten, bedient man sich der Furnierrahmen (Abb. 44): Es handelt sich um rechteckige Holz- oder Metallrahmen, die jeweils aus zwei senkrechten Stücken und zwei Querhölzern bestehen und parallel nebeneinandergelegt werden. Die oberen Querhölzer sind mit dicken Schrauben versehen. Über die unteren Querhölzer werden nacheinander eine dicke Platte, die mit ihren Platten oder Klötzen bedeckte zu leimende Tafel und schließlich eine Preßplatte gelegt, gegen die angeschraubt wird. Die Schrauben werden von der Mitte ausgehend reihum angezogen.
Bei jeder Preßmethode ist nachzuprüfen, ob der Leim richtig austritt; anschließend wird erneut angezogen. Es empfiehlt sich, den Leim möglichst lange trocknen zu lassen und 12 bis 24 Stunden zu pressen.

FURNIEREN MIT RIEMEN

Es wird nur bei zylindrischen Stücken wie Säulen oder Beinen angewandt. Der Leim wird nur auf das Blindholz aufgetragen. Das Furnier wird außen und innen angefeuchtet, um es biegen zu können, und dann aufgesetzt und mit Stiften, die in die Fugen eingelassen werden, befestigt. Die furnierte Fläche wird mit einem Riemen umwickelt, der wiederum an beiden Enden mit Stiften befestigt wird. Das Ganze wird benetzt und dann in die Wärme eines Feuers gebracht. Die doppelte Einwirkung von Hitze und Dampf bewirkt, daß der Leim sich erwärmt, während der Riemen sich zusammenzieht und so das Furnier kräftig gegen das Blindholz preßt. Sobald man feststellt, daß der Riemen trokken ist, bricht man die Operation ab, damit er nicht verbrennt. Nach mehrstündigem Trocknen wird er abgenommen.

Nach dem Aufleimen des Furniers (Abb. 45) werden die Stifte entfernt; die Leimtropfen, das unter den Platten befindliche Papier und das gegebenenfalls das Furnier festhaltende Klebband können mit einem feuchten Schwamm, einem Spatel oder einem lauwarmen Eisen entfernt werden.

Die neu eingesetzten Stücke müssen nivelliert werden, sofern sie aus dem Blindholz hervorragen: Sie werden abgesägt und dann mit dem Beitel oder dem zweigriffigen Hobel abgeglichen (Abb. 13).

Das Neuleimen ist eine folgenschwere Operation. Die warmen Platten, die benutzt werden müssen, bringen den Firnis zum Verschwinden, so daß das Möbelstück neu gefirnißt werden muß. Wenn jedoch ein sonst in gutem Zustand befindliches Möbel nur sehr örtlich schadhaft ist, kann man neu leimen, ohne den Firnis in Mitleidenschaft zu ziehen, sofern man etwa am Möbelrand das abgelöste Furnier hochheben und den Leim darunter anbringen kann. Es muß sehr heißer Leim und für das anschließende Pressen eine lauwarme Platte verwendet werden.

Die *tarsia certosina*

Zu ihrer Restaurierung ist folgendes zu bemerken: Wie bei anderen Intarsien muß zunächst geprüft werden, ob die Stücke noch halten. In dem eigens für sie ausgehöhlten Blindholz pflegen sie recht fest zu sitzen. Dafür sind sie häufig das Opfer des Holzwurms, zumal sie teilweise von Obstbaumholz stammen. Manchmal scheint die Intarsie oberflächlich in gutem Zustand, weil sie vom Wachs geschützt wurde, während sie darunter ausgehöhlt ist. Dann muß möglicherweise alles abgelöst werden, oder man leimt Stück um Stück neu und verstopft gleichzeitig die Löcher.

Wenn gewisse Elemente verloren, aber genügende Hinweise für ihre Nachbildung vorhanden sind, werden die allenfalls noch am Blindholz klebenden Fasern abgekratzt, um neue Stücke einsetzen zu können. Wenn es an Hinweisen fehlt, sollen die Lücken sichtbar bleiben: Da hier der Fond aus derselben Holzart zutage tritt, stört der Anblick nicht. Die Farbe des Fonds ist ein wenig dunkler als das ehemals von der Intarsie bedeckte Holz, das eingefärbt werden kann, damit es weniger auffällt.

Die *tarsia certosina* besitzt häufig eine breitstrichig und tief eingeritzte Verzierung, die mit sehr dunkel gefärbtem und mit dem Spatel aufgetragenem Wachs ausgefüllt wird (Abb. 51).

FINISH DER GEFIRNISSTEN UND GEWICHSTEN MÖBEL

Die Langwierigkeit und Wichtigkeit der letzten Operationen kann gar nicht genug betont werden. Wenn sie unsorgfältig durchgeführt werden, machen sie eine gute Restaurierung zunichte. Das Finish umfaßt bis zu vier Arbeitsgängen: Abbeizen, Abschleifen, Einfärben und – je nachdem – Firnissen, Wachsen oder Wichsen.

Abbeizen

Damit soll der bestehende Firnis oder das Wachs entfernt und die natürliche Farbe des Holzes freigelegt werden. Im Falle furnierter Möbel ist es nicht immer notwendig, ein Abbeizmittel anzuwenden, weil die beim Neuleimen verwendeten heißen Eisen oder Platten den Firnis oder das Wachs beseitigt haben. Das Abschleifen wird den vielleicht noch vorhandenen Rest entfernen. Dieses trockene Abtragen ist die beste Lösung. Wenn ein Abbeizmittel verwendet werden muß, um den Firnis aufzulösen, kann es selbstverständlich kein kali-, ätznatron- oder salmiakhaltiges Mittel sein, weil es das Holz färben und zum Nachspülen zwingen würde. Es braucht also ein flüchtiges Produkt. Man findet im Handel nicht zu aggressive Lösemittel, die vor allem Azeton und Paraffin enthalten und weder das Holz noch die Farbe angreifen, es sei denn, es handle sich um eine besondere Färbung, die unter ihrer Einwirkung verschwindet. Mit einem breiten, flachen Pinsel werden zwei Schichten des Abbeizmittels aufgetragen, damit es richtig ätzt. Je nachdem werden Abbeizmittel und aufgelöster Firnis mit einem Spatel entfernt oder mit Stahlwolle, die in der Faserrichtung angewendet wird. Es ist darauf zu achten, die Reste besonders aus den Ecken des Möbels zu entfernen, wo sie sich leicht ansammeln. Nötigenfalls wird die Operation mit weiteren Schichten des Abbeizmittels wiederholt.

Das Wachs verschwindet unter der Einwirkung der gleichen Mittel sowie von Reinbenzin und ähnlichen Produkten. Auch Terpentinöl löst es auf, birgt aber die Gefahr, das Holz fettig und schwarz zu machen.

Abschleifen

Das Abschleifen oder Polieren (Abb. 46) verfolgt den Zweck, die Oberfläche des Möbels zu glätten, alle Mängel des Holzes zu beheben, solange dies gefahrlos geschehen kann, und in gewissem Grad seine Farbe freizulegen. Eine der wichtigsten Grundregeln des Restaurators lautet, daß möglichst wenig abgeschliffen werden soll. Das Abschleifen muß oberflächlich und mit größter Vorsicht vorgenommen werden. Ist es zu stark, so beseitigt es rasch die patinierte Farbe des Holzes. Manchmal wird der Fehler begangen, radikal abzuschaben, um eine lebhaftere Farbe zu erzielen: Das ist bei furnierten Möbeln ein katastrophales Vorgehen, denn häufig wurden sie schon von früheren Restauratoren so oft als überhaupt möglich abgeschliffen. Das Abschaben vermindert die Dicke des Furniers und erhöht die Gefahr eines Durchbruchs bei der nächsten Restaurierung. Es ist besser, einen Buckel bestehen zu lassen, anstatt ihn um jeden Preis einebnen zu wollen.

Indessen wird das Schabeisen[1] benutzt, um die neu eingesetzten Stücke zu nivellieren, und zwar sowohl bei massiven Möbeln wie bei furnierten, wo die Spuren des Sägeschnitts verschwinden müssen.

Um abzuschleifen, verwendet der Kunsttischler anschließend immer feineres Sandpapier, das unter ein Korkklötzchen gelegt wird. Bei den vertieften Stellen und am Schluß der Operation wird das Sandpapier von Hand angewendet. Das Abschleifen wird in der Faserrichtung vorgenommen, außer wenn es sich um Knoten oder Knorren handelt, bei denen kreisend geschliffen wird. Die gedrechselten Teile können auf der Drehbank mit Sandpapier poliert werden.

Um das Abschleifen zu vervollständigen, wird besonders bei porösem Holz mit einem kurz in sehr heißes Wasser getauchten Schwamm darübergewischt und sofort abgetrocknet, wenn es sich um ein furniertes Möbel handelt. Das beim Trocknen sehr rauh gewordene Holz wird erneut mit einem ganz feinen Sandpapier geglättet. Im Verlauf des Abschleifens wird gegebenenfalls wie bereits erwähnt die Gravierung restauriert (Abb. 37). Die Oberfläche des Holzes ist jetzt glatt, aber sehr glanzlos; darum muß ihm nach etwaigem Einfärben durch Wichsen oder Firnissen sein poliertes Aussehen zurückgegeben werden.

Wenn das Möbel gefirnißt werden soll, behandeln manche Restauratoren es nach dem Abschleifen mit Leinöl oder Vaselinöl, das mit einem Lappen aufgetragen wird. Sie sehen zwei Vorteile darin: Es frischt die Farbe des Holzes auf und erleichtert das Firnissen, das schneller vor sich geht, weil der Tampon besser gleitet. Andere Kunsttischler verurteilen dieses Vorgehen und berufen sich auf andere Argumente: Das Öl neigt dazu, den Farbton nachzudunkeln; nach dem Einölen wird die Füllung (S. 75–78), die immer schwierig ist, bei gewissen fetten Hölzern wie dem Palisander unmöglich, genau wie das Verstopfen von Löchern mit Wachs, das zugleich mit der Füllung durchgeführt werden kann, aber dann nicht mehr hält; in der Folge kann das Öl wieder auftauchen und den Firnis beschädigen. Wenn man ein sehr verblaßtes Möbel unbedingt einölen will, muß man es auf jeden Fall sehr lange – drei bis vier Wochen – trocknen lassen und es vor dem Füllen abreiben.

Einfärben

Das Einfärben bietet den Restauratoren ein Feld individueller Forschung, das ihnen eine schöpferische Betätigung erlaubt. Ein jeder hat seine eigenen Verfahren; aber er darf nichts übertreiben. Man soll so wenig wie möglich an die Farbe des Holzes rühren – eine Grundregel, die bisher befolgt wurde, indem man wenig neue, vorzugsweise aus alten Hölzern stammende Stücke einsetzte und möglichst wenig abschliff. Am Ende dieser Opera-

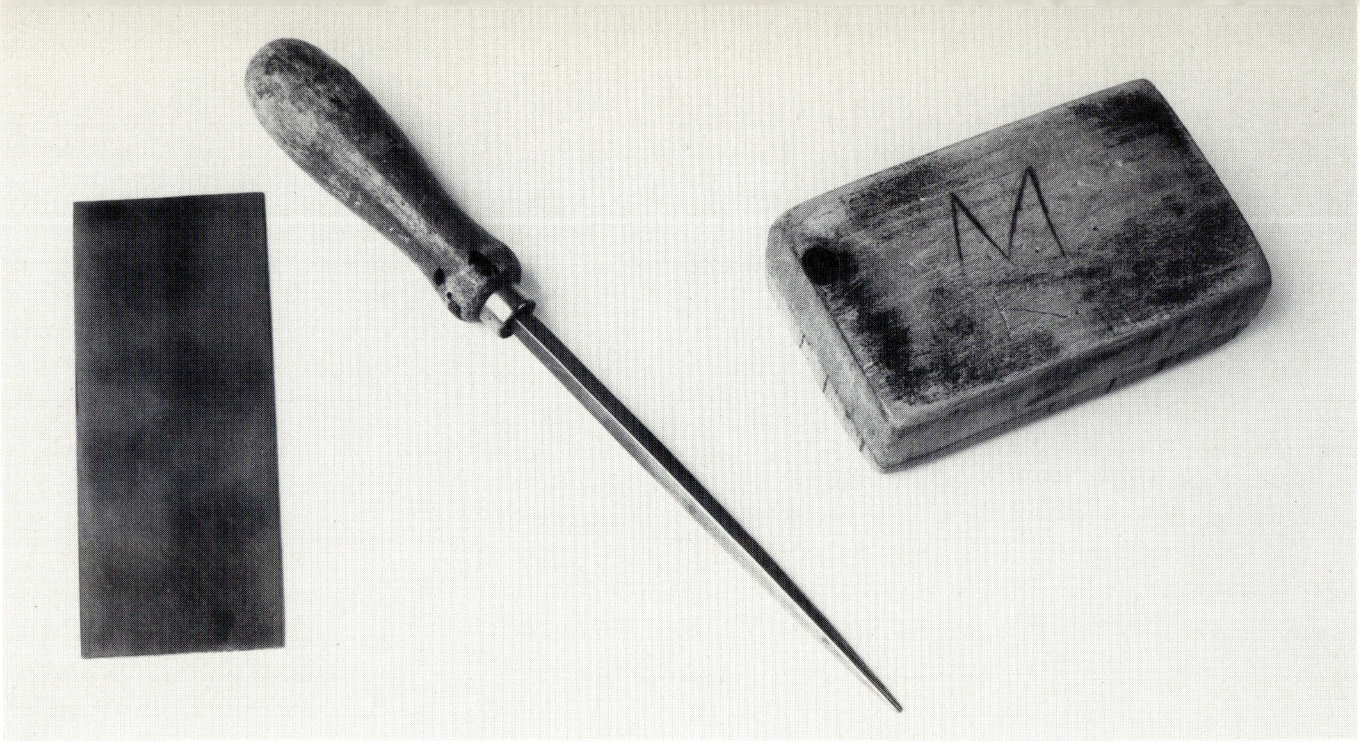

46
Abschleifen. Von links nach rechts: Schabeisen und dazugehöriger Wetzstein; Abschleifklotz aus massivem Holz mit einer wenige Millimeter starken Korkschicht.

tionen hat man bereits eine Farbe erhalten: Das Neuanleimen bei furnierten Möbeln sowie das Abbeizen und Abschleifen haben dem Holz ein Aussehen zurückgegeben, das seiner eigentlichen Farbe näherkommt. Aber es gibt mehrere Gründe für das Eingreifen im Bereich der Färbung. Das möglicherweise für gewisse Teile verwendete Holz ist zu grell. Die alten Hölzer sollten grundsätzlich nicht gefärbt werden; wenn indessen das Abschleifen stellenweise etwas zu brutal war, können auch sie eine zu grelle Farbe aufweisen. Wenn die Farbe hingegen sehr verschossen ist oder wenn ein Teil des Möbels im Vergleich zum übrigen allzu verblaßt erscheint, kann man zuweilen versuchen, den Farbton zu verbessern.

Das Ganze muß deshalb harmonisiert werden, indem man dem neuen Holz die Farbe gibt, die es heute hätte, wenn es sich um ein altes Holz handelte, und indem man nötigenfalls das alte Holz wieder so einfärbt, wie es vor dem Abschleifen war. Es ist außerdem bei einem aus verschiedenen Hölzern zusammengesetzten Möbel interessant, zu versuchen, die Kontraste wiederherzustellen.

Es erfordert eine gründliche Kenntnis der Entwicklung des Farbtons jedes einzelnen Holzes im Verlauf des Patinierens. Sogar ein gut eingefügtes Stück fällt auf, wenn die Farbe schlecht wiedergegeben wurde. Es ist indessen besser, es hervorstechen zu lassen, als ein Verfahren zu benutzen, das irgendwelche Risiken für das Holz mit sich bringt: Alles, was mit dem Färben zusammenhängt, muß sehr vorsichtig unternommen werden. Die Versuche können an wenig sichtbaren Stellen des Möbelstücks angestellt werden. Da es nicht empfehlenswert ist, mit Säuren zu färben, experimentiert der Restaurator zuerst mit Holz der gleichen Art; aber der Effekt kann auf dem Möbel dennoch anders sein: Man erhält nicht den gleichen Farbton auf ein und derselben Holzart, je nachdem, ob sie furniert ist oder nicht. Unter den exotischen Hölzern entfärben sich Palisander und Veilchenholz gut; Amarantholz und Satinholz lassen sich weniger leicht behandeln.

Da manchmal sowohl neue als auch alte Teile gefärbt werden müssen, benutzt man die gleichen Produkte, aber in verschiedenen Dosierungen. In gewissen Fällen muß das Holz entfärbt und dann gefärbt werden. Das Einfärben erfordert Fingerspitzengefühl und Erfahrung. Es gibt keine allgemeingültige Regel, um ein Holz zu färben, weil ein jedes seine Spielarten hat. Wir können nur die wichtigsten gebräuchlichen Produkte besprechen, deren Wirkung je nach der Holzart unterschiedlich ist und die in zwei Gruppen eingeteilt werden können: die für das Holz harmlosen und die gefährlichen Produkte. Ungefährlich ist die Verwendung von Wasserfarben, die reichlich mit dem Schwamm aufgetragen und vor dem Trocknen wiederum mit dem Schwamm abgewischt werden. Sie dienen vor allem dazu, die Farbe der einheimischen Hölzer aufzufrischen, die man in ihrem natürlichen Zustand beläßt – Eiche, Buche, Nußbaum, Kastanie, Obstbaumhölzer – oder um die Farbe der Patina wiederherzustellen. Das wird hauptsächlich mit Kasseler Erde, Teeblättern oder gekörnter Zichorie erreicht. Die Kasseler Erde, die an die Stelle der herkömmlichen grünen Nußschale getreten ist und das Holz dunkler macht, ist ein Pulver, das in Wasser aufgelöst wird. Man gibt ein wenig Alkali hinzu, das als Beize dient, und eventuell eine Spitze «acajoutine», eine chemische, Mahagoni nachahmende Farbe, die nur mäßig verwendet werden darf, weil sie grelle Farbtöne ergibt. Tee oder Zichorie werden in Wasser gekocht; die Anwendung erfolgt vorzugsweise heiß. Der Lotwurz, eine als Absud mit Terpentinöl benutzte Wurzel, dient zum Färben des Wachses, wird heute jedoch kaum mehr gebraucht.

Innerhalb der zweiten Gruppe sind vor allem die Säuren für das Holz gefährlich. Nimmt man zuviel, so zerfressen sie den Leim in den Fugen des Furniers und schwärzen das Holz, bis es verbrennt und völlig unbrauchbar wird. Man muß darauf achten, nicht auf Teile neben der zu behandelnden Fläche zu spritzen, oder die umliegenden Teile gegebenenfalls mit Paraffin isolieren. Besonders das Amarantholz muß vor Säuren geschützt werden, weil es unter ihrer Einwirkung und sogar unter der Wirkung ihrer Dämpfe eine purpur-violette Farbe annimmt, die man kaum mehr wegbringt. Es gibt flüssige und feste Säuren; bei den meisten sollte man nur mit Handschuhen arbeiten. Die flüssigen – Salpetersäure und Salzsäure – müssen unter hermetischem Verschluß aufbewahrt werden und sind nur – in unterschiedlichen Proportionen – mit Wasser verdünnt zu verwenden. Die festen sind Kristalle, die in heißem Wasser aufgelöst werden und die man lauwarm anwenden kann: Pikrinsäure, von der man nur mit Maßen Gebrauch machen sollte, und Oxalsäure (Kleesäure), die viel gebraucht wird, besonders um zu entfärben, zuweilen aber auch um eine Farbe zu ändern oder aufzufrischen.

Man verwendet die Säuren mit einem pinselartig um

ein Stäbchen gewickelten Wattebausch (ein richtiger Pinsel kann nicht verwendet werden, weil die Säure ihn angreift). Nach dem Auftragen der Säure wird behutsam mit einem in heißes Wasser getauchten Schwamm gespült, damit der Leim nicht angegriffen wird. Wenn ein und dieselbe Stelle mit zwei Säuren behandelt wird, einer, um die Farbe abzutöten, der anderen, um sie aufzufrischen, muß man zwischen den beiden Operationen spülen und gründlich trocknen lassen.

Mit Alkali, das mit Wasser oder anderen Substanzen verdünnt wird, kann man auch Eichen- und Kastanienholz altern. Es ist sehr vorsichtig zu verwenden, da es die Farbe gewisser Hölzer in Schwarz, Grau oder Rot umschlagen lassen kann.

130prozentiges Wasserstoffsuperoxyd dient nur zur Aufhellung der Hölzer. Seine Anwendung ist überaus gefährlich für das Furnier, da es den Leim verbrennen kann.

Eines der beliebtesten Produkte ist Kaliumbichromat, das von den Tischlern «Bichromat» genannt wird. Früher fand man es als Kristalle im Handel. Heute wird es als orangefarbenes Pulver angeboten, das je nach der gewünschten Farbe in mehr oder weniger Wasser aufgelöst wird. Das Bichromat färbt nicht selbst, sondern durch Oxydierung des im Holz enthaltenen Gerbstoffs. Es greift den Leim nicht an. Man benutzt es insbesondere, um Eiche und Mahagoni dunkler zu färben. Frisch zersägtes Mahagoni weist eine ziemlich helle Farbe auf, die an der Luft nachdunkelt: Das Bichromat macht alle Schattierungen möglich. Es läßt das Rosenholz gelb werden. Man kann es mit anderen Farbstoffen vermischen. Die Anwendung erfolgt mit einem durchtränkten Schwamm, mit dem man rasch über das Holz fährt; das überschüssige Bichromat wird mit dem Schwamm entfernt, ehe es trocken ist, denn wenn aus Versehen nochmals etwas auf eine schon trokkene Fläche gerät, wird das Holz an der betreffenden Stelle noch dunkler, und es entstehen Flecken.

Kali und Eisenpyrolignit in flüssiger Form werden ebenfalls verwendet. Um an einem Möbel mit geschwärztem Holz Ausbesserungen vorzunehmen oder ihm seine Farbe wiederzugeben, bedient man sich eines flüssigen Produkts, das Chemisch-Schwarz heißt und mit einer Beize – Alaun oder Pyrogallussäure – versetzt wird; der Glanz wird später verliehen, indem man den Firnis mit schwarzem Fuchsin färbt.

Es besteht in der Tat die Möglichkeit, noch nachträglich gewisse Schattierungen zu erzielen, indem man den Firnis oder das Wachs ganz leicht mit Fuchsinen anfärbt, diesen vom Anilin (einem Destillationsprodukt des Teers) abgeleiteten Farbpulvern: Die Alkoholfuchsine werden in Alkohol aufgelöst, die Fettfuchsine in Terpentinöl.

Das Finish kann fortgesetzt werden, sobald die Farben trocken sind, außer wenn das Holz mit Säuren oder ähnlichen Produkten behandelt wurde: In diesem Fall muß man das Möbel zwei bis vier Wochen «unter der Farbe» lassen, damit ihre Einwirkung ganz aufhört, weil sonst der Firnis beschädigt wird.

Das Möbel muß jetzt einen äußeren Schutz erhalten; diese letzte Operation besteht im Firnissen, dem Wachsfinish und dem Wichsen.

Firnissen, Wachsfinish, Wichsen

Diese Operationen werden bei Zimmertemperatur (zwischen 15 und 20°) vorgenommen.[2]

Firnis und Wachsfinish sind Parallelverfahren, die

einer beiden gemeinsamen vorhergehenden Füllung bedürfen. Diese Operationen werden mit einem guten, 95- bis 99gradigen Alkohol vorgenommen (im allgemeinen 95°, aber 99° für das Aufhellen des Firnisses), der die gleiche Temperatur haben muß wie die Werkstatt. Um ihn allein oder mit Firnis oder Wachs vermischt zu benutzen, tränkt man einen Tampon aus weißer Wolle[3] und umgibt ihn mit einer Hülle, die unbedingt aus Leinwand bestehen muß und die bei jedem Arbeitsgang gewechselt wird. Es ist darauf zu achten, den Tampon nicht allzu stark zu tränken; man übt deshalb nur einen leichten Druck aus, wenn er frisch gefüllt wurde, und erhöht den Druck allmählich, je mehr er sich entleert. Die Handwärme bringt den Alkohol zum Verdunsten.[4] Sobald der Tampon trocken ist und nicht mehr gleitet, wird er neu eingetaucht. Auf gewissen Möbeln oder Möbelteilen (von Leisten oder Kannelüren umrahmte Felder) wird, um die Ansammlung der verwendeten Produkte in den Ecken zu vermeiden[5], mit einem Firnisdocht gearbeitet, der nichts anderes ist als eine aufgezogene Strickarbeit; er kann fixfertig gekauft und wie ein Tampon mit seiner Hülle verwendet werden.

Wenn kleine, von einem Möbel abgenommene Teile gefüllt und dann mit Firnis oder Wachsfinish behandelt werden müssen, empfiehlt es sich, sie auf einer ebenen Fläche zu befestigen, indem man ringsum kleine Pflöcke aufnagelt oder sie leicht auf ein Stück Holz aufleimt, was die Arbeit erleichtert.

FIRNISSEN MIT TAMPON

Das Firnissen mit dem französischen Tampon (Abb. 47 bis 49), das in den angelsächsischen Ländern unter der Bezeichnung «french polish» angewendet wird, genießt internationalen Ruf. Es wird in drei Arbeitsgängen durchgeführt: das Füllen, das eigentliche Firnissen und das Aufhellen. Alle diese Arbeitsgänge erfordern große Erfahrung und eine genaue Kenntnis der zu behandelnden Hölzer und werden deshalb zuweilen einem Firnisspezialisten anvertraut. Es ist indessen empfehlenswerter, sie vom Restaurator selber durchführen zu lassen. Es muß in staubfreier Atmosphäre gefirnißt werden.

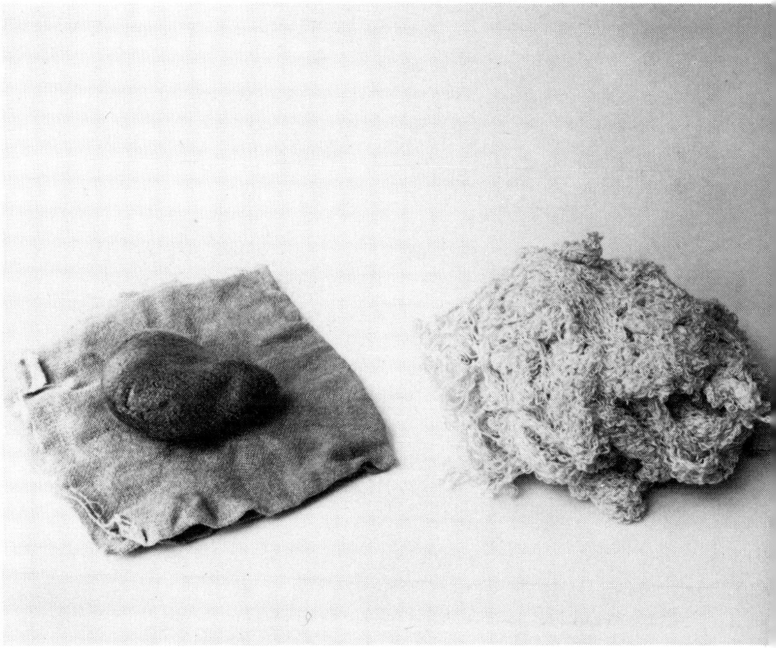

47
Firnissen mit Tampon. Links: Tampon; rechts: Firnisdocht aus Baumwolle.

Füllen

Das Verschließen der Poren verleiht dem Holz ein poliertes Aussehen und bereitet das Firnissen vor. Das Füllen muß sorgfältig vorgenommen werden,

48
Jacques Dubois und Pierre II Migeon: Furnierter Sekretär aus Veilchenholz auf Eiche, Paris, um 1745 (H. 0,83 m, Br. 1,98 m, T. 1,00 m). 1971 restauriert. Die Farbe der einzelnen Teile wurde mit Säuren abgetötet, der Firnis mit Tripel mattiert. (Paris, Musée du Louvre)

denn es ist unerläßlich, um einen schönen Firnis zu erhalten. Wenn man nicht füllt, hält der Firnis nicht; wenn man ungenügend füllt, saugen die Poren den Firnis auf, der sein blankes Aussehen verliert. Ein gefärbtes Möbel wird leicht abgeschliffen, ehe man füllt. Es ist darauf zu achten, daß der Restaurator nicht mit Talk, Gips oder einem im Handel erhältlichen Porenstopfmittel füllt (einer Art Leim, der ein sehr rasches Füllen erlaubt), weil dies den Firnis später weiß machen würde.

Das Füllen mit Bimsstein ist ein langwieriges und schwieriges Verfahren, aber es ist das beste. Man kann den Bimsstein, ein Vulkangestein, selbst mahlen oder gemahlen kaufen: Es gibt Seidenbims, ein äußerst feines Pulver, das während des ganzen Arbeitsgangs verwendet wird, und groben Bims in Form sehr kleiner Körner, die dem Anschein zum Trotz das Holz nicht zerkratzen und die nur zu Beginn der Operation zugleich mit dem Seidenbims benutzt werden. Die zu füllenden Flächen müssen

49
Jean-François Oeben: Rollschreibtisch, Paris, um 1760 (H. 0,98 m, Br. 0,82 m, T. 0,52 m). 1976 restauriert. Der Oberteil und die beiden Seiten waren gesprungen und wurden wieder zusammengefügt. Der Kontrast zwischen den Farben der Hölzer der Oberfläche (Zierleisten mit Blumen auf Sykomorengrund, Linien aus Amarantholz, Rahmen aus Rosenholz, Elemente aus grün gefärbtem Holz) wurde maßvoll wiederhergestellt. Die Löcher für die verlorenen Bronzeverzierungen sind sichtbar geblieben. Das Möbel wurde gefirnißt. (Paris, Musée Nissim de Camondo)

waagrecht liegen, damit der Bims nicht abläuft. Es wird in zwei Arbeitsgängen gefüllt.

Der Bims wird nie auf den Tampon gestreut, sondern direkt auf das Holz. Um ihn zu verteilen, wird mit dem in Alkohol getränkten Tampon kreisförmig gerieben. Der Alkohol verbindet sich mit dem Bims zu einer Paste, die in die Poren eindringt, dann verdunstet er.[6] Nach einem Weilchen wird kein neuer Bims mehr zugegeben, sondern nur noch mit Alkohol behandelt, um die Paste zu verdünnen und besser eindringen zu lassen. Das Füllen darf gar keine Schicht bilden: Wenn ein wenig Paste an der Oberfläche bleibt, wird der Firnis dort weiß. Sobald man im Gegenlicht keine Vertiefungen mehr in den Poren entdeckt, wird die Arbeit unterbrochen.

Falls im Verlauf der Operation festgestellt wird, daß gewisse Mängel fortbestehen, ist es noch Zeit, sie nach diesem ersten Füllen zu beheben. Man kann in der Tat noch vorhandene kleine Löcher und Sprünge mit gefärbtem Wachs verstopfen. Es gibt im Handel gefärbte Kitte, auf denen der Firnis möglicherweise nicht haften wird: Es ist vorzuziehen, vom Restaurator selbst geschmolzenes Bienenwachs zu färben. Man trägt es mit einem knöchernen oder hölzernen Spatel auf, der anschließend dazu dient, das überschüssige Wachs zu entfernen. Wenn die Löcher verschlossen sind, wird das Wachs mit sehr feinem Sandpapier abgeschliffen; das schadet der Farbe nicht, obschon das Möbel nachher weißer wirkt. Beim zweiten Füllen nimmt es seine Farbe wieder an. Nach dem Verschließen trägt man von Hand Seidenbims auf; das erlaubt, festzustellen, ob noch Wachs abzuschleifen bleibt: Nötigenfalls wiederholt man die Operation mit dem feinen Sandpapier.

Beim Trocknen schrumpft die Paste ein wenig und sackt in die Poren: Die Füllung «zieht». Nach einem Zeitraum von mindestens einer Nacht wird deshalb das Füllen fertiggestellt, indem die Operation nochmals auf die gleiche Weise vorgenommen wird. Wenn nötig führt man vierundzwanzig Stunden später eine dritte Füllung durch.

Das Holz kann als endgültig gefüllt betrachtet werden, wenn die Poren im Streiflicht als kleine, bläuliche und matte Flecken erscheinen. Dann ist die Oberfläche des Möbels ganz einheitlich, ohne das geringste Loch, und kann nunmehr gefirnißt werden.

Bei Hölzern mit dichtem Korn genügen meistens zwei Füllungen. Rosenholz und Veilchenholz lassen sich gut füllen. Das poröse Mahagoni ist je nach der Art mehr oder weniger schwer zu füllen; man darf nicht unterbrechen, wenn man ein Mahagoniholz füllt, sonst gelingt es einem nicht.

Ein Möbel darf nicht sofort nach dem Füllen gefirnißt werden, um die Poren nicht zu öffnen. Die Paste muß einen oder zwei Tage trocknen. Nach dieser Frist und nachdem man mit einem sehr feinen Sandpapier abgeschliffen oder vielleicht noch ein leichtes Nachfüllen durchgeführt hat, kann sofort gefirnißt werden.

Bei gravierten Intarsien erscheinen die Linien im allgemeinen schwarz. Sie können mit Holzkohlenpulver gefüllt werden. Nach dem Abschleifen macht man zuerst eine Füllung mit Bims und Alkohol, denn wenn man die Kohle sofort aufträgt, schwärzt man das Holz. Dann folgt das Füllen mit Kohle und das normale Füllen. Die Gravierung kann auch mit einem aus dunklem Wachs hergestellten Kitt gefüllt werden.

Firnissen

Es verfolgt den Zweck, den mit dem Füllen erzielten Glanz zu verstärken, vor dem zersetzenden Einfluß der Luft zu schützen und das Holz zu verschönern, indem man seine Äderung und seine Farbe zur Geltung bringt. Der Firnis muß eine gewisse Schichtdicke haben, sonst verschwindet er wieder; dennoch soll er sehr dünn und durchsichtig sein. Er verändert die Farbe des Holzes nicht: Er bewahrt sie oder dunkelt sie ein ganz klein wenig, im Gegensatz zum englischen Firnis, einem fetten Firnis, der einen leichten Film bildet und das Holz dunkelt. Der Firnis ist ein Harz, das man in einem flüchtigen, sich im Trocknen verflüchtigenden Träger auflöst, während das Harz im Kontakt mit der Luft hart wird und seine Wirkung offenbart. Der von den Restauratoren benutzte Firnis wird aus Schellack hergestellt. Man muß darauf achten, daß auf alten Möbeln keine unpassenden Firnisse verwendet werden. Es gibt Restauratoren, die mit Tampon firnissen, aber das geschieht mit Zellulosefirnissen, deren Anwendung zwar sehr viel rascher ist als die des Schellackfirnisses, die aber ein glitzerndes Aussehen verleihen. Das Polyesterharz, das auf der Oberfläche des Möbels gleichsam eine Glasschicht bildet und dessen Abbeizmittel das Holz angreifen, ist besonders für furnierte Möbel unheilvoll.

Man findet Schellackfirnis im Handel, aber die meisten Restauratoren stellen ihn nach ihrer eigenen Formel her, indem sie natürlichen Schellack in Alkohol auflösen und verschiedene Zutaten beigeben. Der Firnis wird nicht gefärbt, weist aber immer eine leichte Tönung auf, die den verschiedenen Schattierungen des Harzes zuzuschreiben ist. Auf die Dauer kann der blonde Firnis, der am häufigsten verwendet wird, zuweilen auf dem Möbel vergilben, weil der Schellack nicht mehr die gleiche Qualität besitzt wie früher. Der kirschenfarbige Schellackfirnis ist dunkler und schlägt nicht um. Das Firnissen geht schneller vor sich, wenn der Firnis dick ist, aber dann verschleiert er die Farbe des Holzes und läuft Gefahr, aufzusplittern: Er muß sehr leicht sein und geduldig verarbeitet werden, damit er an der Oberfläche des Möbels haftet und nach dem Trocknen seinen Glanz bewahrt.

Das Firnissen einer kleinen Fläche allein ist heikel: Nachdem der Firnis aufgetragen ist, läuft man Gefahr, ihn wieder zu entfernen, wenn man sogleich nochmals mit dem Tampon darübergeht. Es ist deshalb besser, gleichzeitig mehrere Teile zu firnissen, so daß man abwechseln und den Firnis zwischen zwei Arbeitsgängen ein wenig antrocknen lassen kann. Wenn die Einzelteile eines Möbels gefirnißt werden, behandelt man das Ganze nach dem Zusammensetzen nochmals mit dem Tampon. Aufgesetzte Leisten müssen für sich gefirnißt werden; dann werden sie aufgeleimt, ehe man das ganze Möbel nochmals mit dem Tampon behandelt. Man achte darauf, für das Firnissen keine Leinwand zu verwenden, die schon für das Füllen gedient hat, denn es könnten Bimsreste vorhanden sein, die den Firnis weiß machen und zerkratzen.

Bei zweimaligem Firnissen geht man mit ein paar Varianten folgendermaßen vor: Der Tampon wird gleichzeitig mit Firnis und Alkohol getränkt, der dem Firnis erlaubt, sich abzulagern und zu trocknen; beim Anbringen der Hülle wird gut durchgeknetet. Der Tampon muß wie gesagt besonders zu Beginn der Operation leicht feucht sein, damit der Firnis nicht klebt, da er die Füllung aufreißen würde. Um zu vermeiden, daß der Firnis Streifen oder «Striemen» hinterläßt, beschreibt man mit dem

Tampon erst Kreise und dann Achten, wobei man ihn weniger schnell bewegt als beim Füllen, damit der Firnis sich ablagert. Schon nach der ersten Schicht erreicht er seinen ganzen Glanz; aber man gibt mehrere, damit er solider ist. Wenn die Fläche bereits mit einer dünnen Schicht Firnis überzogen ist und der Tampon anfängt hängenzubleiben, beträufelt man das Leinen mit ein paar Tropfen Vaselinöl, damit er besser gleitet, ohne Spuren zu hinterlassen. Sobald man findet, die Schicht sei genügend, vermindert man allmählich die Firnismenge, bis man mit purem Alkohol arbeitet, um das Öl zu trocknen und die Tamponspuren zu entfernen. Anschließend muß man den Firnis mindestens vierundzwanzig Stunden lang ziehen lassen: Er trocknet und zieht sich dabei zusammen, und somit muß die Operation wiederholt werden.

Die Wartefrist wird benutzt, um Retuschen vorzunehmen. Tatsächlich besteht einer der Vorteile, den die Restauratoren dem Firnis-Finish zuerkennen, darin, zwischen dem ersten und dem zweiten Firnissen in der Schicht retuschieren zu können. Es gibt Leute, die darin einen der schöpferischen Aspekte ihres Berufs erblicken und sich ein wenig zu sehr darauf spezialisieren, Holz nachzuahmen. Aber es scheint durchaus zulässig, die Umrisse allzu auffälliger Teile zu vertuschen, etwa die Fugen der Füllstückchen im Furnier, die «Schellackierungen», die Löcher. Die Arbeit wird an dem normal dastehenden Möbel ausgeführt, und zwar bei Tageslicht, damit die Wirkung beurteilt werden kann. Man färbt den Firnis, nicht das Holz: Die Retuschen werden mit Firnis vorgenommen, der mit alkohollöslichen Farben (vgl. S. 74) gefärbt wurde und mit einem möglichst spitzen Pinsel aufgetragen wird.

Ehe wieder gefirnißt wird, schleift man nochmals mit sehr feinem Sandpapier, das sogar abgenutzt sein kann, um die Mängel des Firnisses zu beheben und die «Retuschen» auszugleichen. Gefirnißt wird wie beim ersten Mal, bis man mit reinem Alkohol abschließt. Auf das Nachfirnissen folgt das Aufhellen.

Aufhellen

Diese große Sorgfalt erfordernde Operation dient dazu, die Unvollkommenheiten des Firnisses zu beheben, die Tamponstriemen und das vielleicht noch vorhandene oder an die Oberfläche durchtretende Öl zu entfernen und den Firnis zu trocknen; sie wird mit einem Aufhelltampon vorgenommen, der nur zu diesem Zweck benutzt wird und in eine saubere und feine Leinwand gehüllt ist. Er enthält nur wenig 99gradigen Alkohol, dem ein paar Tropfen Benzoegummi zugesetzt werden können; er löst sich im Alkohol auf und trägt dazu bei, dem Firnis ein glänzendes und durchsichtiges Aussehen zu verleihen. Der Tampon wird sehr rasch über die Flächen geführt, um den Firnis nicht zu versengen, denn dann müßte man von vorne beginnen.

Es ist empfehlenswert, den Glanz des Firnisses auf antiken Möbeln zu mattieren; nach gründlichem Trocknen kann dies mit Holzkohlenpulver geschehen oder mit der Tripel genannten kieselhaltigen Putzerde, die früher im Stück verkauft wurde und heute in Pulverform erhältlich ist. Das Produkt wird mit einer Hasenpfote oder einer Seidenbürste aufgetragen. Während dieser sehr langwierigen Arbeit muß darauf geachtet werden, den Firnis nicht zu zerkratzen und keine Reste des benutzten Produkts in den von den Leisten gebildeten Ecken

50
Charles Cressent zugeschriebene Kommode mit geometrischen Furniertafeln aus Satinholz und Einrahmungen aus Amaranthholz auf Tanne, Paris, um 1725 (H. 0,85 m, Br. 1,32 m, T. 0,69 m). 1976 restauriert. Das Furnier wurde mit Wachsfinish behandelt. Die Marmorplatte, die verlorengegangen war, wurde ersetzt. Das Möbel trägt den Stempel «Delorme» des Tischlermeisters François Faizelot Delorme (gestorben 1768) oder seines Sohnes Adrien, der 1748 Meister wurde. Keiner von beiden kann der Urheber des Möbels sein, aber wahrscheinlich haben sie es restauriert, vielleicht zwischen 1745 und 1749, da gewisse Bronzeverzierungen den Stempel mit dem gekrönten C tragen, der in jenen Jahren den Bronzen aufgeprägt wurde. (Meaux, Musée Bossuet)

zu lassen. Der Firnis verliert auf jeden Fall nach einiger Zeit ein wenig von seinem Glanz.
Wenn man die Außenseite der Querleisten gefirnißt hat, die die Schubladen voneinander trennen, muß jede Ablagerung darüber und darunter entfernt werden: Sie könnte das Gleiten der Schubladen

beeinträchtigen und mit der Zeit das Furnier abreißen.

Restaurierung des Firnisses

Wenn keine Stücke angeleimt oder neu eingesetzt werden müssen, was das Abbeizen und Abschleifen erforderlich macht, kann ein verbrauchter alter Firnis auch restauriert werden. Man bereitet ihn vor, indem man ihn mit Holzkohlenpulver oder einem sehr feinen Sandpapier leicht abschleift und dann nachfirnißt, sofern man sicher ist, mit der gleichen Zusammensetzung zu arbeiten.

Andererseits wird der Firnis auch mit einer – von den in Tischlermaterial spezialisierten Firmen fixfertig gelieferten – Flüssigkeit aufgefrischt und gereinigt, die von den französischen Tischlern «Brühe» oder «japanisches Wasser» genannt wird und ganz ohne Bedenken benutzt werden kann. Die unterschiedliche Zusammensetzung umfaßt je nachdem Alkohol, Terpentinöl, Öl, Schwefelsäure, Essig, Tripel, Benzoegummi. Diese Zutaten bilden eine trübe Mischung, die vor Gebrauch zu schütteln ist. Man gibt ein paar Tropfen auf Watte oder einen Docht, reibt eine kleine Fläche nach der anderen und trocknet mit einem Leinentuch.

Gewisse «Restauratoren» geben den alten Firnissen ein glitzerndes Aussehen, indem sie sie mit Leinöl behandeln – eine verderbliche Gewohnheit, denn wenn der Firnis abgenutzt oder aufgeritzt ist, dringt das Öl in das Holz ein und macht es fleckig.

WACHSFINISH

Diese Art Finish (Abb. 50), die dem Möbel ein etwas matteres Aussehen gibt als der Firnis, ist zwar kürzer, aber in Anbetracht der heute manchmal zweifelhaften Wachsqualitäten auch heikler. Man kann sofort nach Beendigung des Füllens das Wachs auftragen. Der Tischler geht gleich vor wie beim Firnissen: Ein Tampon wird mit flüssigem, in Terpentinöl aufgelöstem Bienenwachs getränkt. Man arbeitet damit wie mit dem Firnis, indem man das Wachs nach und nach durch Alkohol ersetzt. Wenn die Operation beendet ist, läßt man das Wachs trocknen und hellt dann mit Alkohol auf.

Der Firnis erhält und schützt das Holz besser, denn der isolierende und widerstandsfähige Schellack bewahrt es vor Trockenheit und Feuchtigkeit, Wasser, Insekten und Schimmelpilzen. Und die Retuschen, die er vorzunehmen erlaubt, tragen dazu bei, ein Maximum an alten Bestandteilen zu retten. Das Wachs schützt zwar vor Insekten, aber da das Wachsfinish keine Schichtdicke bildet, sind die Retuschen schwieriger: Die Oberfläche soll grundsätzlich tadellos sein, ohne «Schellackierungen», weil sonst die Mängel sichtbar werden. Ein gewichstes Möbel bekommt leicht Flecken von Fingern, Fettsubstanzen und Wasser. Aber das Wachsfinish läßt sich leichter unterhalten als der Firnis: Es wird durch bloßes Reiben aufgefrischt, und für den Unterhalt genügt flüssiges Wachs. Dieser Unterhalt ist übrigens ein Muß, denn das Holz saugt das Wachs auf, und in manchen Fällen auch ein Nachteil, wenn das Möbelstück Bronzen aufweist, die zu diesem Zweck abmontiert werden müssen.

Firnis oder Wachsfinish? In manchen Fällen kann man füglich zögern, was für ein antikes Möbel vorzuziehen ist. Beide Methoden haben ihre Vertreter, die jeweils ihre eigene Lösung als das Finish betrachten, das am meisten verträgt oder das Holz am besten zur Geltung bringt. Im allgemeinen firnißt man die furnierten Möbel und die massiven

51
Tarsia certosina-Tafeln aus Nußbaum mit eingesetzten Intarsien aus Eiche, Birnbaum, Pflaumenbaum, Sykomore und Buchs, die bis zu 3,5 mm dick sind. Von links nach rechts:
Tafel I, nicht abgebeizt: schmutzig, weil das Wachs Staub angesammelt hat.
Tafel II, mit einem fetten Lösemittel abgebeizt: Die Stelle der nachzubildenden Intarsie wurde mit dem Beitel eingeebnet. Die Spuren des Holzwurms wurden mit gefärbtem Wachs beseitigt.
Tafel III (unterer Teil): Auf den neuen Stücken aus Birnbaumholz wird die Gravierung wiederhergestellt; diese Teile werden nachher mit Wasserfarben gefärbt.
Tafel III (oberer Teil) und Tafel IV: Das Holz ist unter Verwendung eines Korkklotzes mit gefärbtem Wachs behandelt worden, und damit ist die Restaurierung beendet.

Möbel aus tropischen Hölzern (etwa Mahagoni). Das Finish mit Wachs kommt hauptsächlich für Möbel aus Nußbaum oder Obstbaumhölzern in Frage, kann aber auch für Furniere mit exotischem Holz benutzt werden, sofern sie nicht zu stark beschädigt sind, es sei denn, man wolle die Ausbesserungen sichtbar lassen.
Das gewählte Finish, zu dem man sich oft auf

Grund des Zustands des Holzes entschließt, muß nicht unbedingt gleich sein wie das ursprüngliche, aber man wird versuchen, sich ihm anzunähern: zum Beispiel mit einem mattierten Firnis auf ursprünglich mit Wachs behandelten Möbeln. Die letztere Lösung empfiehlt sich bei massiven und furnierten Möbeln aus einheimischem Holz wie dem Nußbaum, wenn die Mängel nicht zu zahlreich sind. Die französischen furnierten Möbel des 18. Jahrhunderts besaßen ursprünglich ein Wachsfinish und sind zumeist erst im 19. Jahrhundert gefirnißt worden; bis zum Ende der Herrschaft Ludwigs XV. scheint der Firnis nur selten zur Anwendung zu kommen. «Die Furnierhölzer werden kaum je gefirnißt», schreibt Watin im Jahre 1773[7], «man begnügt sich damit, sie mit Wachs einzureiben.» Und Roubo bemerkt 1774 zu den furnierten Möbeln: «Die gewöhnlichste Politur ist diejenige, die mit Wachs gegeben wird» (vgl. S. 62). Er sagt aber auch, daß «wenn das Furnier nicht wie gewöhnlich mit Wachs poliert wird und die Arbeit bedeutend genug ist, um die Ausgabe für eine schönere Politur zu rechtfertigen» man diese Politur mit Tripel und Schlämmkreide erhält; und schließlich: «Da die meisten Farben der Hölzer, sei es aus Indien oder aus Frankreich, oder der gefärbten Hölzer mit der Zeit ihren Glanz verlieren und da es sehr wichtig ist, diese Farben zu bewahren, kann man nichts besseres tun..., als sie mit weißem Firnis zu firnissen», der aus Alkohol und Harzen besteht. «Man kann mehrere Schichten dieses Firnisses auf die Furniere auftragen, ohne ein Dunkeln der Farben befürchten zu müssen...

Diese Methode, die Furniere zu vollenden, ist ein wenig kostspieliger, aufwendiger als die anderen, aber sie hat auch den Vorteil, die vollkommenste zu sein, weil der Firnis durch das Verschließen aller Poren der Hölzer die Farben festhält, die sich nicht mehr verflüchtigen können und immer im gleichen Zustand bleiben»[8].

WICHSEN

Die Möbel aus massivem Eichen-, Buchen- und unter Umständen auch Nußbaumholz bedürfen keiner Füllung unter Verwendung von Alkohol. Um ihre Poren zu schließen und den Glanz zu verleihen, genügt es, sie unmittelbar nach einem leichten Abschleifen zu wichsen. Sie müssen allerdings sehr sauber sein, denn der Schmutz bildet eine isolierende Schicht, auf der das Wachs nicht haftet.

Um die Wichse herzustellen, raspelt man Bienenwachs, bedeckt die Späne in einem gläsernen Gefäß mit Terpentinöl und läßt kalt ausziehen, bis das Wachs geschmolzen ist und man eine homogene Mischung erhält. Wenn nötig wird weiter mit Terpentinöl verdünnt, bis die Paste flüssig ist. Sie kann leicht gefärbt sein und wird je nach ihrer Konsistenz mit einem Pinsel, einem Lappen oder einem Wattedocht aufgetragen; sie muß gut ins Holz eindringen, ohne an der Oberfläche zu bleiben. Es ist wichtig, die überschüssige Wichse mit einem Spatel zu entfernen, damit das Möbel nicht klebrig wird und keinen Staub fängt. Nach dem Trocknen wird dem Holz mit einer Wurzelbürste oder einer Nylon- oder Gänsefederbürste Glanz gegeben; in den Ecken benutzt man eine Glättbürste aus Buchs. Am Schluß der Operation bedient man sich eines wollenen Lappens oder eines Wildleders.

Man kann das Holz auch mit einer dünnen Wachsschicht überziehen und dann mit einem Korkklotz reiben, um die Poren zu schließen und der Fläche Glanz zu geben (Abb. 51).

BOULLE-INTARSIEN

In Frankreich bezeichnet der Ausdruck Intarsia für sich allein im 17. und 18. Jahrhundert[1] die vom 18. Jahrhundert an mit dem Namen Boulle verbundene Technik, die von den Engländern «buhl marquetry» getauft wurde. Sie besteht darin, ein Blindholz aus zumeist weichem Holz (vor allem Tanne) mit Motiven zu furnieren, die mit der bereits beschriebenen Technik (vgl. S. 51) aus anderem Material als Holz ausgeschnitten werden: am häufigsten aus Kupfer und Schildpatt, aber auch aus Zinn, Horn, Elfenbein und Perlmutt. Das natürliche, rote Kupfer wird viel seltener verwendet als das Messing, eine Legierung aus etwa zwei Dritteln Kupfer und einem Drittel Zink. Das auf Papier aufgeklebte Schildpatt wird auf der Rückseite häufig gefärbt, zum Beispiel rot, indem man entweder eine Farbe aufträgt oder ein farbiges Papier verwendet[2]. Auch Horn wird auf der Innenseite gefärbt, und zwar im allgemeinen blau oder grün, und auf Papier aufgeklebt. Alle diese Materialien können eine mit dem Stichel eingeritzte Verzierung erhalten, die heute oft verschwunden ist, besonders wenn es sich um Schildpatt handelt.

Diese Art Einlegearbeit wurde um 1660 in Deutschland und Frankreich entwickelt, wo besonders André-Charles Boulle (1642–1732) wenige Jahre später hervorragende Werke schuf, und fand bis in das frühe 18. Jahrhundert für Luxusmöbel Verwendung. In Frankreich wurde sie unter Ludwig XV. nur noch für Pendülen benutzt[3]; indessen erfreuten sich die sogenannten Boulle-Arbeiten weiterhin großer Beliebtheit. Besonders unter Ludwig XVI. kamen sie wieder in Mode, und zu dieser Zeit wurden viele Möbel aus der Epoche Ludwigs XIV. restauriert und Nachahmungen angefertigt. Schließlich wird diese Technik von etwa 1840 bis zum Ende des 19. Jahrhunderts erneut verwendet, und zwar vor allem in Paris, stellt doch Madame Ledoux-Lebard für diese Zeit über siebzig Möbelschreiner im Stile Boulles fest[4], der somit eine wichtige Strömung in der Geschichte des Möbels darstellt.

Die Boulle-Intarsien sind nicht nur der am wenigsten haltbare Möbelschmuck, sondern auch derjenige, dessen Restaurierung am heikelsten ist. Die Schäden, die auch vom Blindholz herrühren können, werden hauptsächlich vom Kupfer verursacht, das schlecht am Holz haftet, weil es dem Leim nicht einzudringen erlaubt. Wenn das Holz schrumpft, löst das Kupfer sich ab; in manchen Fällen wird es nur noch durch die Bronzeleisten festgehalten, die häufig die intarsierten Tafeln einrahmen. Das Zinn bleibt fester kleben als das Kupfer. Das Schildpatt paßt sich bei Temperaturschwankungen dem Holz besser an. Aber es schwillt bei Feuchtigkeit, löst sich in den Fugen, wo zwei Stücke nebeneinander geklebt sind, und wird vom Kupfer mitgezogen; das auf der Rückseite angebrachte Papier löst sich ab

52
Boulle-Schreibtisch aus dem 17. Jh. während der Restaurierung. Nach Abheben der Platte wird das Blindholz aus Tanne sichtbar. Rechts sieht man eine Tafel (linke Seite des Schreibtisches), deren in schlechtem Zustand befindliche Intarsie bereits abgelöst ist. Sie besteht aus Messing und rot gefärbtem Schildpatt. Bei einer früheren Restaurierung war das fehlende Schildpatt stellenweise mit rotem Lack retuschiert worden.

oder zerreißt. Unabhängig vom Zeitpunkt ihrer Entstehung sind die Boulle-Arbeiten deshalb häufig restauriert worden. Bei den Werken aus der Zeit Ludwigs XIV. geschah dies schon sehr früh. So stellt der Händler Duvaux 1755 Rechnung für «die Reparatur an einem großen Boulle-Schreibtisch mit offenen Laden und Fächern, alles wie neu gemacht, 120 Livres». 1756 betrifft eine Reparatur «zwei eingelegte Schränke, für die fehlende Stücke Kupfer und Schildpatt geliefert wurden, sowie Füllstückchen für die Seiten und neu geschwärzt»[5]. Wenig später finden wir Kunsttischler, die sich auf die Instandsetzung dieser Möbel spezialisieren, so Nicolas-Pierre Séverin (1728–1798), der auf seinen Etiketts erklärt: «Séverin, Kunsttischler und Händler, zu Paris, Bekannt für die tadellose Restaurierung der Möbel des berühmten Boulle, gibt sich die Ehre, die französischen und ausländischen Liebhaber wissen zu lassen, daß er ein Ladengeschäft mit besagten Möbeln führt...»[6]. Riesener restauriert seinerseits Möbel dieser Art für die Königliche Gerätkammer: So empfängt er 1784 38 Livres für

53
Ablösen des Kupfers. Der Restaurator hält in der Linken eine Spritze mit Alkohol, den er auf und unter das Metall träufelt, und in der Rechten eine Klinge, mit der er es abhebt.

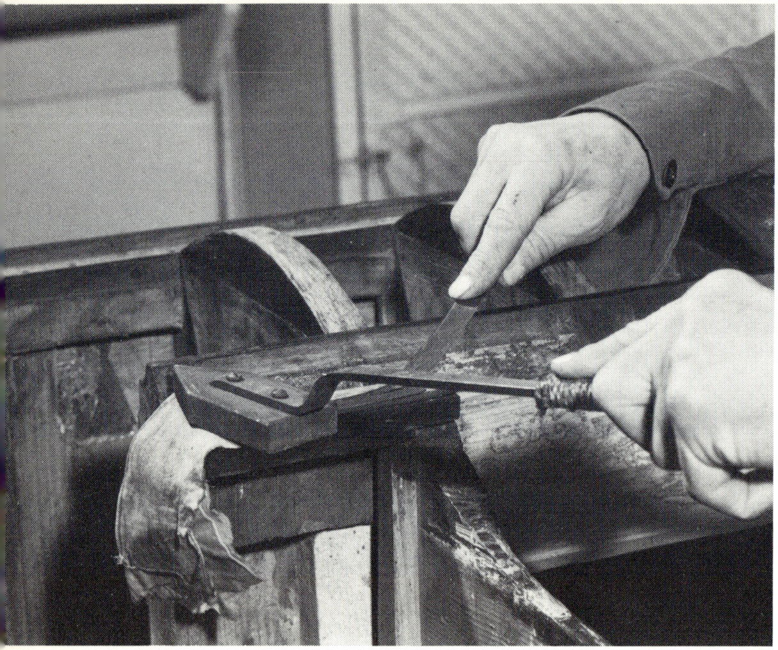

54
Ablösen des Schildpatts. Mit einem feuchten, leicht mit einem Eisen angewärmten Lappen wird der Leim fortlaufend aufgeweicht. Die auf der Rückseite des Schildpatts vorhandene rote Farbe kann nicht gerettet werden.

«die Reparatur und Instandsetzung eines großen Boulle-Schranks» und 1785 240 Livres für «die Reparatur und Erneuerung eines großen Schreibtischs aus alter Boulle-Einlegearbeit, mit Instandsetzung des Blindholzes und der Einlegearbeit sowie der Vergoldung»[7]. So kennen wir Boulle-Möbel, deren Restaurierung von Riesener gezeichnet wurde, von Séverin oder anderen zeitgenössischen Kunsttischlern wie Dubois, Montigny, Weisweiler, Delorme und Levasseur. Um 1823 scheint indessen der junge Levasseur in Paris der einzige zu sein, der Boulle-Möbel zu reparieren versteht. Aber unter Louis-Philippe vermerkt der *Almanach du Commerce* bei mehreren Herstellern von Boulle-Möbeln, daß sie auch Restaurierungen vornehmen; so gibt es um 1850 einen gewissen Caillaux, «Kunsttischler, Einleger, Hersteller von Möbeln in Boules Stil, Reparatur von Bronzen..., Reparatur von Boule-Möbeln, Einlegearbeiten in Holz».[8]

Die Reparaturen wurden zuweilen von wenig gewissenhaften Handwerkern durchgeführt, die sich etwa damit begnügten, die fehlenden Stücke Schildpatt mit rotem Lack zu retuschieren, das Kupfer mit goldgelbem Wachs, das Zinn mit geschmolzenem, in die Lücken gegossenem Metall. Viele Kunsttischler zögern sehr, ehe sie die Restaurierung eines Boulle-Möbels übernehmen, die immer sehr langwierig ist, weil sie befürchten, die Arbeit müsse ein paar Jahre später erneut durchgeführt werden. Bei der Restaurierung von Furnieren soll man, wie wir bereits sagten, möglichst wenig ablösen; aber die Boulle-Arbeiten sind ihrer Materialien wegen ein Sonderfall, und oft befinden sie sich in so schlechtem Zustand, daß kein örtlich begrenztes Leimen in Frage kommt, sondern radikalere Maßnahmen unvermeidlich sind. Wir wählen hier den häufigsten Fall, nämlich ein Möbelstück, das mit Messing und Schildpatt eingelegt ist, um die nachstehend beschriebenen Maßnahmen vorzuschlagen. Es gibt zwei Lösungen, da entweder die ganze Einlegearbeit oder nur das Metall abgenommen werden kann.

Abnehmen der ganzen Einlegearbeit

ABLÖSEN

Ehe mit dem Ablösen (Abb. 52) begonnen wird, muß mit Kohlepapier eine Pause der zu behandelnden Tafel gemacht werden. Die Tafel wird mit

55
Nahaufnahmen der Tafel von Abb. 52, die sich im Ablösungsprozeß befindet. Links ist die Intarsie noch vorhanden (der kupferne Flügel des Vogels hat sich abgehoben); die Verzierung ist hell auf dunklem Grund, das heißt Kupfer auf Schildpatt; das Kupfer ist graviert. Rechts ist die Intarsie bereits abgelöst; das Blindholz trägt nur noch ein paar Spuren von Leim und Papier.

56
Wiederherstellung der Intarsie. Die auf der vorhergehenden Abbildung fehlenden abgelösten Teile werden fortlaufend auf einer vorher angefertigten Pause der Tafel zusammengesetzt. Man sieht die Lücken in der Intarsie.

Wasser bepinselt. Man kann zuerst das Kupfer abnehmen, das sich am leichtesten löst und mit 95gradigem Alkohol entfernt wird; dabei muß die Klinge langsam geführt werden (Abb. 53), denn sie kann auf einen der oft unsichtbaren Stifte stoßen, die manche Kunsttischler in das Kupfer oder die Fugen einzulassen pflegten, um das Metall besser auf dem Blindholz zu befestigen. Anschließend wird das Schildpatt abgelöst, und zwar entweder mit einem feuchten Tuch und warmen Eisen, wobei Wärme und Feuchtigkeit so dosiert werden, daß das Schildpatt sich nicht wirft (Abb. 54), oder mit Alkohol, sofern dies möglich ist. Wenn das Schildpatt mit einem Kitt gefärbt ist, dem das Papier

57
Ausbesserung des Blindholzes. Der auf Abb. 55 sichtbare Riß ist mit Holzpaste geschlossen worden.

untergeklebt wurde, muß es in der Dicke der Papierschicht abgelöst werden, um die Originalfarbe zu erhalten. Aber die Farbschicht ist oft zu dünn, als daß sie gerettet werden könnte. Die sich ablösenden Stücke Kupfer oder Schildpatt werden laufend mit Klebstreifen zusammengehalten.
Manchmal gelingt es, Kupfer und Schildpatt gleichzeitig mit Alkohol abzulösen, besonders wenn es sich um kleine Intarsien handelt, und das vereinfacht das Problem der Wiederherstellung. Wenn ein Fragment abgelöst wird, das Kupfer- und Schildpattstückchen ineinandergeschachtelt enthält, wird es sofort auf der Außenseite mit Klebband überzogen. In solchen Fällen bleibt der Leim manchmal in den Fugen erhalten, und so läßt es sich vermeiden – wie wir noch sehen werden –, daß der vom Sägeschnitt zwischen Kupfer und Schildpatt hinterlassene Zwischenraum ausgefüllt werden muß.
Wenn die Kupfermotive deformiert sind, müssen sie mit einem kleinen Hammer zurechtgeklopft werden, oder man legt sie zwischen zwei Metallplatten und hämmert darauf. Wenn das Schildpatt sich unter der Wirkung des Ablösens geworfen hat, muß es nur leicht mit Dampf angewärmt und zum Erkalten unter eine Preßplatte gelegt werden. Unter den Kupfer- und Schildpattstücken bleiben kleine Papierreste und Leimtröpfchen, die abgekratzt werden müssen, möglichst ohne die Farbe auf dem Schildpatt zu entfernen. Wenn keine mehr vorhanden ist, befeuchtet man die Rückseite des Schildpatts mit einem in warmes Wasser getauchten Pinsel oder Schwamm, um dann Leim und Papier abzukratzen, so daß die Fläche anschließend neu gefärbt werden kann. Die Stücke werden fortlaufend auf die Pause der Tafel gelegt und mit den Fingern, einer Klinge oder einem Stift ineinandergefügt. Die so allmählich zusammengesetzte Tafel wird durch sich überkreuzende Klebstreifen zusammengehalten (Abb. 55 bis 58). Wenn fertig abgenommen ist, wird die Rückseite der Tafel mit Papier beklebt und das Klebband auf der Vorderseite entfernt, um dort arbeiten zu können. Für die gewölbten Teile empfiehlt es sich natürlich, entsprechend geformte Klötze anzufertigen und für die Zusammensetzung dieser Teile zu verwenden.

ERSETZEN VERLORENGEGANGENER MOTIVE

Auf der abgelösten Tafel wird mit Kohlepapier ein Abdruck der fehlenden Stücke hergestellt, die neu aus Schildpatt oder Kupfer angefertigt werden müssen.
Die Restaurierung der Boulle-Arbeiten leidet nicht unter den Schwierigkeiten der Beschaffung wie zuweilen die Holzintarsien. Es mag beim Schildpatt schwierig sein, den gewünschten Ton zu finden.
Das Schildpatt kann folgendermaßen zubereitet werden: Das rohe Stück Schildpatt (Abb. 59) wird mit einem Schabeisen auf der Seite, die am saubersten scheint, geglättet (oft entdeckt man beim Schaben, daß das Material kleine Löcher aufweist); dann wird mit Sandpapier abgeschliffen und das dabei anfallende Pulver gesammelt. Nach einer Behandlung mit nasser Schmirgelleinwand erhält man eine beinahe polierte Oberfläche, die mit Knochenleim auf eine Sperrholzplatte aufgeleimt wird. Dann verfährt man gleichermaßen mit der anderen Seite, wo das Schildpatt mit dem Schabeisen auf die gewünschte Dicke reduziert wird. Das Karette genannte Schildpatt der Möbel des 17. und 18. Jahrhunderts ist dicker als das «reine» Schildpatt, das im 19. Jahrhundert verwendet wurde.[9]

58
Restaurierungen der an den Ecken des gleichen Schreibtisches befindlichen Konsolen. Von links nach rechts: eine noch nicht restaurierte Konsole, deren Kupfer stellenweise nur noch durch ein paar Stifte gehalten wird; eine andere Konsole mit abgelöster Intarsie; eine umgekehrt gezeigt Tafel mit wiederhergestellter Intarsie der einen Seite dieser Konsole (neue Kupfermotive im oberen Teil); wiederhergestellte Tafel der Außenseite der gleichen Kommode mit geformtem Klotz und Gegenklotz.

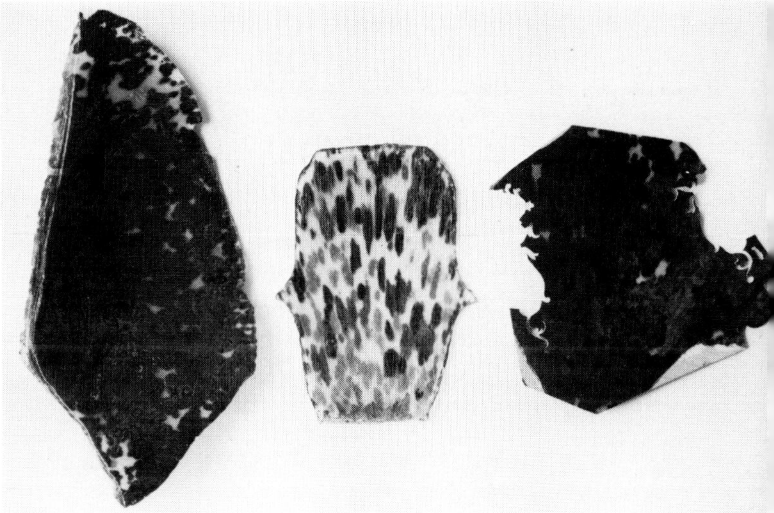

59
Rohes Schildpatt. Von links nach rechts: Schildpatt der Karettschildkröte (Karette); Schildpatt der echten Schildkröte (echtes Schildpatt); ein auf Sperrholz geklebtes Stück Karette, aus dem bereits Intarsienteilchen ausgeschnitten wurden.

Das Schildpatt wird anschließend mit Dampf oder warmem Wasser vom Sperrholz gelöst. Es besitzt die Eigenschaft, daß es in warmem Zustand alle Formen annimmt und sie beim Erkalten bewahrt. Ferner kann es folgendermaßen mit sich selbst zusammengeschweißt werden: Die zunächst gegengleich abgeschrägten Kanten von zwei Schildpattplatten werden zusammengepaßt und durch zwei Blatt Papier isoliert; um sie zum Haften zu bringen, werden sie mit einer Zange zwischen zwei heiße Kupferplatten gelegt.

Ehe die Stücke ausgeschnitten werden, ist es natürlich notwendig, das neue Schildpatt auszusuchen, dessen Aussehen am besten zu dem noch vorhandenen paßt. Wenn das Schildpatt des Möbels nicht gefärbt ist oder vollständig neu gefärbt werden muß, weil die Farbe beim Ablösen nicht gerettet werden konnte, wird die neue Schildpattplatte auf ein dünnes 1,5 oder 3 mm starkes Sperrholz aufgeleimt, auf dessen Rückseite gleichzeitig ein steifes Papier oder ein Furnier geklebt wird, damit das Ganze sich nicht wirft und die Motive unter günstigen Bedingungen ausgeschnitten werden können. Wenn hingegen die Farbe gerettet werden konnte, sei sie nun rot oder nicht, wird Vinylleim mit dem beim Abschleifen gewonnenen Schildpattpulver auf den gewünschten Ton eingefärbt, wenn die alte Farbe dick ist. Anschließend wird die Schildpattplatte mit dieser Mischung auf einen Bristolkarton aufgeleimt, der seinerseits auf ein wie oben beschrieben behandeltes Sperrholz geklebt wird. Es empfiehlt sich, mit diesem gefärbten Leim zunächst einen Versuch zu unternehmen, denn die Farbe kann sich beim Trocknen verändern.

Wenn aller Leim trocken ist, wird das Schildpatt mit sehr flüssigem Knochenleim oder mit Kleister überzogen, und man bringt eine oder mehrere Pausen der einzufügenden Stücke auf, die mit der Laubsäge ausgeschnitten werden. Nachher werden die Pauspapiere entfernt, indem man sie mit warmem Wasser befeuchtet und abkratzt. Wenn das Schildpatt unmittelbar auf das Sperrholz geleimt wurde, genügt es, die Platte ein paar Sekunden in heißes Wasser zu tauchen, um sie abzulösen. Andernfalls trennt man das Schildpatt vom Sperrholz, indem man mit einem Zuschneidemesser oder einem alten Rasiermesser sehr sorgfältig den Bristolkarton in seiner Dicke durchtrennt, um das Schildpatt nicht anzuschneiden, und anschließend den vielleicht noch vorhandenen Kartonrest abkratzt, um die Farbe freizulegen.

Die Wiederherstellung der Farbe von Schildpatt (oder Horn) ist eine heikle Angelegenheit. Wie soll man wissen, ob das zu restaurierende Möbelstück noch die ursprüngliche Farbe aufweist? Vielleicht ist sie verblaßt oder bei einer früheren Restaurierung verändert worden. Roubo schreibt, daß zu seiner Zeit das Schildpatt oft rot gefärbt wurde. Aber war dies im 19. Jahrhundert nicht noch viel systematischer der Fall? Im Zweifel ist es jedenfalls klüger, die Farbe so zu wählen, wie sie auf uns gekommen ist. Wenn wir aber annehmen, den ursprünglichen Farbstoff vor uns zu haben, und wissen, daß er beim Ablösen verlorengehen wird, können wir ihn untersuchen lassen, um zu erfahren, ob der Ton verblaßt ist oder nicht, und ihn wiederherzustellen.

Messing ist (wie reines Kupfer und Zinn) in großen Blättern erhältlich. Die erforderliche Dicke, die von jener des Schildpatts abhängt, beträgt im allgemeinen 5/10 oder 6/10 Linien; wenn möglich ist eine Dicke von 7/10 vorzuziehen. Ein Blatt wird in Stücke geschnitten und geglüht, um das nachfolgende Zersägen zu erleichtern. Wie beim Schildpatt werden die durchgepausten Motive auf ein Stück Kupfer geklebt, das seinerseits auf Sperrholz aufgeleimt ist, und dann mit einer Säge ausgeschnitten. Um das Metall vom Holz zu lösen, genügt bei kleinen Stücken eine Klinge; die größeren können in heißes Wasser getaucht werden. Die Kupferstücke werden nötigenfalls wie beschrieben abgeplattet.

Wenn die Stücke für geschwungene Formen bestimmt sind, wird das Kupfer mit dem Hammer gerundet, das Schildpatt in heißes Wasser getaucht und dann zurechtgebogen. Die neu angefertigten Kupfer- oder Schildpattmotive werden wenn nötig gefeilt, um sie genau einzupassen, und dann mit den Fingern oder bei sehr kleinen Teilchen mit einer Pinzette eingesetzt. Wenn dennoch ganz winzige Teilchen fehlen, kann das Schildpatt der Übergänge mit rotem Schellack nachgeahmt werden: Je mehr man ihn erhitzt, desto schwärzer wird er; so läßt sich der gewünschte Farbton erzielen.

Wenn die Intarsie wiederhergestellt ist (Abb. 60), wird sie auf der Außenseite mit breiten Papierstreifen überklebt, während man das Klebband auf der Rückseite entfernt.

Wenn die ganze Intarsie einer Tafel verlorengegangen ist und von einer ähnlichen Tafel kopiert

60
Die wiederhergestellte rechte Seite des Schreibtisches, die auf der Rückseite mit Klebband zusammengehalten wird. Die fehlenden Teile wurden ergänzt (man beachte das hellere neue Kupfer).

werden muß, wird das Ausschneiden vorbereitet, indem man zunächst das Blatt Schildpatt auf ein 3 mm starkes Sperrholz aufleimt und dann das Blatt Kupfer, das die Pause erhält, auf das Schildpatt (Abb. 61).

Ob die Tafel nun nur ergänzt oder völlig neu gemacht werden muß, es ist in jedem Falle notwendig, den Hohlraum des Sägeschnitts zwischen Kupfer und Schildpatt auf der Rückseite mit einem gefärbten Kitt auszufüllen (es sei denn, man habe sie wie oben erwähnt zusammen ablösen können).[10]

Dadurch wird vermieden, daß der Leim beim Pressen durch das Furnier dringt und daß die Farbe, die möglicherweise unter dem Schildpatt aufgetragen werden muß, die Motive mit einem feinen Strich umrandet. Der Kitt wird mit dem Spachtel auf alle Fugen aufgetragen und dringt in jede Ritze ein; der Überschuß wird mit einem in heißes Wasser

61
Völlige Neuanfertigung einer Tafel für ein Bein des Schreibtisches. Links: Auf eine Sperrholzplatte sind nacheinander das Schildpatt, das Kupfer und die Pause der Verzierung, die im oberen Teil erhalten ist, aufgeleimt worden. Mitte: Motive des unteren Teils aus Schildpatt und Kupfer, die bereits ausgeschnitten und getrennt wurden. Rechts: Ein anderes Bein, wo die genau gleiche, bereits neu angefertigte Intarsie eben eingesetzt wird.

getauchten Lappen abgewischt. Der Restaurator setzt seine Arbeit auf der Rückseite fort und behandelt das Kupfer mit Sandpapier, falls es überall die gleiche Dicke aufweist, oder mit kleinen Schabinstrumenten (Abb. 62), damit es aufgerauht wird und besser auf dem Holz haftet. Wenn das Schildpatt gefärbt werden muß, wird die Farbe auf die ganze Unterseite der Tafel aufgetragen: zum Beispiel eine kaum verdünnte rote Wasserfarbe in Tuben, die mit dem Pinsel aufgetragen wird.

NIVELLIEREN DER INTARSIE

Der nächste Schritt besteht darin, die Unterschiede in der Dicke auszugleichen, die sich zwischen Kupfer und Schildpatt sowie zwischen verschiedenen Teilen ein und desselben Materials und zwischen alten und neuen Bestandteilen ergeben können. Dank der hier beschriebenen Methode hat das Nivellieren keine Verminderung der Dicke der Intarsie zur Folge und greift auch die möglicherweise noch vorhandene Gravierung nicht an, denn sie wird auf der Rückseite der Tafel vorgenommen. Zuerst wird ein starkes Papier mit Vinylleim aufgeklebt. Wenn das Schildpatt rot gefärbt ist, können rotes Papier und ein wenig rote Farbe im Leim verwendet werden. Die Vorderseite wird vorzugsweise gegen eine Zink- oder Aluminiumplatte gepreßt oder gegen eine Hartholzplatte, wobei wie immer darauf zu achten ist, daß ein Blatt Papier zwischen Tafel und Platte eingelegt wird. Auf die Rückseite der Tafel legt man einen ziemlich weichen Karton. Nun wird das Ganze in die Presse gegeben, der Karton wird zerdrückt und stößt die dünnsten Einzelteile der Intarsie gegen die Platte. So erhält man eine völlig ebene Vorderseite, während das Papier auf der Rückseite die Unebenheiten sichtbar werden läßt (Abb. 63), die nun ebenfalls mit Sandpapier nivelliert werden. Am Ende des Vorgangs ist das Papier noch hinter dem Schildpatt und seltener hinter dem Kupfer vorhanden; wichtig ist nur, daß die Oberfläche vollkommen glatt ist. Bei den

62
Ausschnitt aus der Rückseite der Tafel von Abb. 60. Die Tafel wird jetzt durch das auf die Vorderseite geklebte Papier zusammengehalten. Der Spalt des Sägeschnitts zwischen Kupfer und Schildpatt ist ausgefüllt worden. Außer in der Ecke wurde das Kupfer aufgerauht.

63
Nivellieren der Tafel von Abb. 52. Die Oberfläche der Vorderseite ist eben geworden, das Papier auf der Rückseite zeigt die noch auszugleichenden Dicken-Unterschiede.

gebogenen Teilen wird die Vorderseite gegen den vorgeformten Klotz gelegt, während man den Karton auf der Rückseite mit einem Sandsack oder einem Gegenklotz anpreßt.

FURNIEREN

Das Blindholz muß von allen Leim- und Papierresten befreit werden.
Die Art des zu verwendenden Leims stellt bei den Boulle-Intarsien ein schwieriges Problem. Der Knochenleim läßt sich selbstverständlich für das Schildpatt verwenden, erweist sich aber unter den heutigen Lebensbedingungen als ungenügend für das Kupfer. Es gibt Restauratoren, die für das Wiederaufleimen des Metalls ohne Ablösen des Schildpatts einen Epoxidleim empfehlen, was uns jedoch übertrieben scheint. Restaurierungen von Boulle-Arbeiten, die vor etwa zehn Jahren in der Werkstatt des Louvre mit Vinylleim vorgenommen wurden, sind bis heute völlig zufriedenstellend. Der gegebenenfalls rot gefärbte Leim wird mit dem Pinsel auf das Blindholz und die Rückseite des Furniers aufgetragen. Die Platten oder Klötze und die Art des Pressens werden der Form und den Ausmaßen der Tafeln entsprechend gewählt; das Pressen dauert 24 Stunden.

DAS FINISH

Wenn die Tafel aufgeleimt ist, werden die beim Furnieren angebrachten Fixierstifte entfernt und die letzten Spuren des Klebbandes von der Intarsie abgekratzt. Es gibt Kunsttischler, die vermeinen, das

64
Die wieder eingesetzte Tafel der Abb. 52

Kupfer hafte besser, wenn der Leim durch Stifte verstärkt wird, die Metall und Holz verbinden. Dieses von uns bereits erwähnte und von Roubo[11] empfohlene Vorgehen, dem wir hie und da bei antiken Möbeln begegnen, mag früher vielleicht nützlich gewesen sein, weil die Möbel weniger großen Temperaturschwankungen unterworfen waren. Heute ist es besser, darauf zu verzichten und dem Metall seine Bewegungsfreiheit zu lassen.
Nun kann die Restaurierung der Gravierung vorgenommen werden, sofern wir über genügend Hinweise verfügen, um gewisse abgenutzte Teile zu ergänzen. Zinn läßt sich leichter gravieren als Kupfer. Die Gravierung kann mit Leim ausgefüllt werden, der mit Kienruß gefärbt wird. Dunkles Wachs oder mit Schellack versetzte Tusche werden ebenfalls verwendet.[12]
Zwischen Furnieren und Abschleifen soll man ein paar Tage verstreichen lassen, damit der Leim ganz trocken ist. Es wird so wenig wie möglich und sehr vorsichtig abgeschliffen, um das Schildpatt nicht zu durchlöchern; man verwendet immer feineres Sandpapier oder nasse Schmirgelleinwand, deren Korn noch feiner ist als das des Sandpapiers (in jedem Fall drei bis fünf Nummern). Poliert wird mit Tripel und anschließend mit Holzkohlenpulver, die beide mit einem ölgetränkten Lappen aufgetragen werden, und zuletzt vielleicht mit einer Polierpaste, die ebenfalls mit einem Lappen angewendet wird.
Zum Schluß erhält das Ganze mit einem Tampon eine Schicht Schellackfirnis, um das Oxydieren des Kupfers zu verhindern. Es gibt Restauratoren, die mit Ammoniumsulfid behandeln, um ein altes Aussehen zu erzielen, aber dieses Vorgehen kann bläuliche Ringe hinterlassen und ist zu verwerfen.

Abnehmen des Kupfers allein

Wenn das Schildpatt noch befriedigend am Holz haftet, wird man natürlich lieber darauf verzichten, es völlig abzunehmen. In diesem Fall werden die sich ablösenden Stücke mit Knochenleim wieder befestigt, nachdem das Kupfer herausgelöst wurde. Am Rand des Schildpatts verbleiben auf dem Blindholz Leimreste, die man mit lauwarmem Wasser befeuchtet, um sie aufzuweichen und zu entfernen, ohne an das Schildpatt zu rühren, das nunmehr gepreßt wird, um das Ablösen eventuell feucht gewordener Stellen zu vermeiden. Wenn die Rückseite des Kupfers und die Spuren, die es auf dem Blindholz hinterlassen hat, sorgfältig gereinigt sind, werden die kupfernen Motive wieder eingeleimt; falls ein Teilchen dünner ist als die anderen, kleben manche Kunsttischler ein anderes Stück Kupfer darunter, um es anzuheben. Der Kitt, mit dem die Zwischenräume zwischen Kupfer und Schildpatt ausgefüllt werden, kommt nach dem Einsetzen der Metallstücke zur Anwendung.
Aber das letzte Nivellieren wird bei diesem Vorgehen zu einem heiklen Unterfangen: Beim Abschleifen läuft man Gefahr, das Schildpatt zu durchlöchern, wenn es zu dünn ist, und die Gravierung des Kupfers abzuscheuern, wenn es zu dick ist.
Indessen gibt es Verfechter dieser Methode, die sie systematisch anwenden, um die Farbe des Schildpatts unangetastet zu lassen. Sie ziehen es vor, die Oberflächen nicht zu nivellieren, um die Gravierung des Kupfers nicht in Mitleidenschaft zu ziehen, gehen aber dafür das Risiko späteren Ablösens ein.[13]

VERGOLDUNG UND BEMALUNG

Vergoldung

Die Vergoldung, die darin besteht, das entsprechend vorbereitete Holz mit Blattgold zu überziehen, wurde stets von spezialisierten Kunsthandwerkern ausgeführt. Vor der Französischen Revolution gehörten die Vergolder in Paris keinem der mit dem Holz verbundenen Handwerke an, sondern der Gilde der Maler- und Bildhauermeister oder Académie de Saint-Luc. Noch zu Beginn unseres Jahrhunderts unterschied man in der Berufsausübung die verschiedenen technischen Stufen mit dem Grundierer, dem Profilierer – dem Aristokraten des Berufs – und dem eigentlichen Vergolder. Dieser muß heute meistens alles machen. Bis auf den heutigen Tag sehen die Vergolder ihren Meister in ihrem Pariser Kollegen Jean-Félix Watin, dem Verfasser von *L'Art du Peintre, Doreur, Vernisseur,* das 1772 erschien und oft neu aufgelegt wurde.
Man unterscheidet zwischen Wasservergoldung und Öl- oder Mischvergoldung. Die Schönheit der ersteren ist sowohl der Nachmodellierung zu verdanken, dieser richtiggehenden Bildhauerarbeit in der Grundierung, als auch dem kontrastreichen Aussehen des Goldes, das bald matt erscheint, bald brüniert. Die letztere ist billiger; sie erlaubt zuweilen ein Nachprofilieren, kann aber nicht brüniert werden und zeigt ein gleichmäßiges Aussehen.

DIE WASSERVERGOLDUNG

Die Wasservergoldung war den Italienern bereits im Mittelalter bekannt und wurde vom 17. Jahrhundert an so ziemlich in ganz Europa für Luxusmöbel verwendet; sie ist sehr haltbar und sollte in gutem Zustand bleiben: Die nicht aufgestrichenen, sondern aufgehämmerten Grundierungen haften fest am Holz, und das Gold ist grundsätzlich unveränderlich. Und doch bleibt der ursprüngliche Glanz der vergoldeten Hölzer uns nie erhalten. Das Gold nimmt, vielleicht wegen des kleinen Anteils Kupfer, den es immer enthält, beim Altern eine Färbung oder Patina an. Andererseits unterliegt es der Abnutzung, so daß stellenweise der Grund zum Vorschein kommt und demzufolge der Gegensatz zwischen matt und brüniert manchmal schlecht erkennbar ist.
Es gibt außerdem zahlreiche andere Faktoren, die zur Beschädigung einer Vergoldung beitragen. In erster Linie kann die Holzunterlage wurmstichig werden[1], aus den Fugen gehen oder ähnlichen Problemen des Fugenwerks ausgesetzt sein. Sehr oft werden die Fugen unter der Vergoldung sichtbar, zum Beispiel an den Ecken der Sitzmöbel oder der Konsolen. Das kann von der herrschenden Atmosphäre verursacht werden. Wenn das Holz sich zusammenzieht, folgt die steife Grundierung seiner Bewegung nicht: Zwischen Holz und Grundierung

entsteht ein Hohlraum, der platzt und die Vergoldung aufsplittern läßt. Die Grundierungen des 19. Jahrhunderts sind im allgemeinen weniger haltbar als die früheren. Auch die Feuchtigkeit kann verderblich sein: Die Reinigung mit feuchten Produkten kann die Vergoldung abnutzen oder etwa die inneren Rahmenränder der Spiegel, die oft mit nassen Lappen gereinigt werden, zersetzen. Aus allen diesen Gründen mußten die Vergoldungen schon früh restauriert werden. So wird 1784 für ein völlig neues, vergoldetes Mobiliar angeordnet: «Chatard wird die Ausbesserung der 6 Sessel und 2 Bergèren vornehmen, die in Versailles im Kabinett des Königs von Schweden dienen sollen.» Und 1787 betreut der gleiche Vergolder Chatard «die vollständig durchgeführte Restaurierung» von Marie-Antoinettes Zimmer in Versailles, das achtzehn Jahre zuvor angefertigt worden war.[2]

Vom zweiten Drittel des 19. Jahrhunderts an haben die allzu radikalen Maßnahmen bei Möbeln, deren Vergoldung für beschädigt gehalten wurde, unsere Kenntnis der alten Vergoldungen überaus erschwert. Sehr oft wurde das Holz abgebeizt und in natürlichem Zustand gelassen. In anderen Fällen wurden die Vergoldungen mit Farbschichten überzogen, zum Beispiel mit schwarzer Farbe bei den *Louis-Quinze*-Sitzmöbeln unter dem Zweiten Kaiserreich, um sie für modern auszugeben. Schließlich wurden die Vergoldungen oft völlig neu gemacht. Balzac stellt 1847 bei dem Kunsthändler Elie Magus fest: «Die Bilder, ungefähr hundert an der Zahl, waren mit den prächtigsten Rahmen eingerahmt, die alle geistvoll von dem einzigen Vergolder neu vergoldet worden waren, den Elie in Paris gewissenhaft fand, nämlich Servais, dem der alte Jude das Vergolden mit englischem Golde beibrachte, das jenem der französischen Goldschläger unendlich überlegen ist.»[3]

Für die völlige Erneuerung der Vergoldungen sind verschiedene Methoden angewandt worden, wobei entweder das Holz vollständig abgebeizt und neu grundiert oder die neue Grundierung und Vergoldung auf den Überresten der alten Vergoldung vorgenommen wurde. In beiden Fällen war die Neuvergoldung nicht immer eine Wasservergoldung: Manchmal wurden nur die brünierten, erhabenen Teile mit Wasser vergoldet und die matten mit Öl[4]; zuweilen wurde auch ausschließlich mit Öl vergoldet. Hie und da benutzte man auch die Bronzevergoldung, das heißt Bronzepulver, das in Firnis, Leim oder Terpentinöl zerrieben und mit dem Pinsel aufgetragen wird, aber den Nachteil besitzt, später zu oxydieren. Schließlich wurden manche Möbel mit Motiven, die mit Weiß und Gold hervorgehoben oder bemalt waren, später vollständig vergoldet.[5]

Die modernen Wasservergoldungen sind vielleicht gut ausgeführt, doch haben sie dem Aussehen des Möbels meistens beträchtlich geschadet, denn die Gewohnheiten der Vergolder haben sich im 19. Jahrhundert etwas verändert. Die Schnitzereien wurden manchmal stärker grundiert und dadurch verdickt. Die früher matten Fonds wurden wie die erhabenen Partien mit mehreren Grundschichten überzogen. Da das Ganze brüniert wurde, gewann das Möbel ein einheitlich glänzendes Aussehen. Die Restauratoren haben hie und da auch die Schnitzereien mit aufgetragener Paste bereichert. Die oft gut und häufig allzu gut gemachte Nachmodellierung wurde nicht mehr im ursprünglichen Geist durchgeführt. Solche Fehler müssen vermieden werden.

Bei Probeuntersuchungen entdeckt man somit in

manchen Fällen, daß die mehr oder weniger gut erhaltene alte Vergoldung noch unter diesen späteren Schichten vorhanden ist. Dann muß abgebeizt werden, wie wir es beschrieben haben (Abb. 66 und 67). Ob es sich nun um eine noch vorhandene alte Vergoldung in schlechtem Zustand handelt oder um eine, die bloßgelegt wird, in jedem Fall bedeutet die Entscheidung, alles zu entfernen oder zu retten, was noch vorhanden ist, so wenig es sein mag, für den Vergolder eine schwere Verantwortung. Wenn eine alte Vergoldung schadhaft ist, empfehlen viele Vergolder, wie im 19. Jahrhundert neu zu vergolden. Das Abbeizen einer beschädigten Vergoldung ist indessen schwerwiegend, denn es beraubt das für die Vergoldung konzipierte Möbel seines wesentlichen Interesses, das im Schwung der Profilierung und dem lebendigen Spiel des Goldes besteht, die beide endgültig verlorengehen. Anstatt ein Möbelstück völlig neu zu vergolden, ist es deshalb vorzuziehen, eine selbst sehr abgenutzte Vergoldung beizubehalten, wenn sie noch haftet, oder aber sie so gut wie möglich zu konsolidieren und zu vervollständigen. Natürlich darf man nicht übertreiben und den kritischen Sinn nicht verlieren: Es gibt moderne Vergoldungen von sehr geringer Güte, und so ist nicht jede abgenutzte Vergoldung notwendig alt und muß nicht um jeden Preis gerettet werden.

Wenn das Holz früher einmal zufriedenstellend neu vergoldet wurde, ist es besser, diese spätere Vergoldung zu restaurieren, um ein neues Abbeizen zu vermeiden: Eine Neuvergoldung würde die ursprüngliche Pofilierung auch nicht besser wiederherstellen.

Zur Erhaltung einer alten Vergoldung sind verschiedene Arbeitsgänge ins Auge zu fassen.

Restaurierung der Tischlerarbeit

Diese Arbeit muß von einem Handwerker ausgeführt werden, der gewohnt ist, mit vergoldetem Holz umzugehen, damit die Schäden an der Vergoldung nicht noch verschlimmert werden. Es sei nochmals betont, daß das Möbelstück wenn möglich nicht zerlegt werden soll.

Reinigung

Wenn beim Abbeizen eine Vergoldung zum Vorschein gekommen ist, bedarf sie keiner weiteren Behandlung, da das Abbeizmittel sie hinlänglich gereinigt hat.

In den übrigen Fällen muß der die Patina bedeckende Schmutz mit größter Sorgfalt entfernt werden. Es läßt sich nie im voraus sagen, welches Produkt wirksam sein wird. Die oft vorgeschlagene Reinigung mit einer Mischung aus Eiweiß und Javellewasser ist zu vermeiden: In unerfahrenen Händen läuft dieses Mittel Gefahr, das Gold zu entfernen.

65

1972 restaurierter *Louis-Quatorze*-Leuchter. Die alte Vergoldung war mit weißer Grundierung, Ölvergoldung und später mehreren Farbschichten überdeckt worden. Beim Abbeizen sind Farbe und Ölvergoldung verschwunden; unter der mit dem Eisen abgeschabten Grundierung ist die sehr beschädigte ursprüngliche Vergoldung zum Vorschein gekommen. Die alte Grundierung und Profilierung (man beachte das Gerstenkornmotiv in den matten Teilen) wurde beibehalten und der Leuchter neu vergoldet, ohne zu patinieren (H. 1,82 m, Br. 0,62 m). (Paris, Notre-Dame-de-Bonne-Nouvelle)

66

Bein eines *Louis-Seize*-Sessels. Die spät vorgenommene Vergoldung, die sich in schlechtem Zustand befindet, wird eben entfernt, weil eine Probe ergeben hat, daß darunter noch die ursprüngliche Vergoldung vorhanden ist.

Es empfiehlt sich, die Vergoldung mit Wasser zu reinigen, dem ein klein wenig Hasenhaut-Leim beigegeben wurde – der Leim der Vergolder. Gefahrvoller ist es, ein fettes Abbeizmittel zu verwenden (vgl. S. 35), denn es kann die Patina zum Verschwinden bringen und der Vergoldung ein glitzerndes Aussehen verleihen. Mit dem gleichen Mittel – Wasser und Leim – wird man versuchen, die Brünierung aufzufrischen; es ist in der Tat nicht möglich, eine alte Brünierung aufzupolieren, denn wegen der Patina würde sie schwarz.

Befestigung der Splitter

Man prüft mit dem Finger, ob die noch vorhandenen vergoldeten Teilchen haften. In manchen Fällen lassen die Splitter sich wieder befestigen, besonders an sehr sichtbaren Stellen, die im übrigen noch in gutem Zustand sind. Damit werden Ausbesserungen vermieden. Es ist durchaus ungenügend, mit einem Pinsel Leim auf die Splitter aufzutragen. Sie müssen vielmehr mit einem Spatel abgehoben oder herausgelöst werden; dann injiziert man Hasenhaut-Leim auf die Rückseite der Splitter und klebt sie mit den Fingern wieder an.

Retuschen

Wenn es nicht möglich ist, einzelne Teilchen neu zu kleben, weil die Vergoldung abblättert, muß alles entfernt werden, was nicht mehr festsitzt, um an diesen Stellen die zahlreichen Operationen, aus

67
Das abgebeizte Bein des gleichen Sessels. Unter der gleichförmigen späteren Vergoldung sind die matten oder brünierten Teile der ursprünglichen Vergoldung zum Vorschein gekommen. Ein paar Ausbesserungen müssen vorgenommen werden.

denen die Vergoldung sich zusammensetzt, ganz oder teilweise auszuführen. «Was soll man von den Leuten sagen», schreibt Watin, «die kühn genug sind, zu behaupten, sie könnten das Gold selbst dort wieder erscheinen lassen, wo es verschwunden ist? Und doch habe ich irgendwo Rezepte gelesen, um es zurückkehren zu lassen; aber das beste und zweifellos sicherste Mittel besteht darin, wenn man irgendwelche Vergoldungen reinigt und Stellen sieht, die absolut kein Gold mehr aufweisen, wieder Gold aufzutragen und dabei die Verfahren zu befolgen, die wir dafür genannt haben.»[6] Man läßt die Grundierung unangetastet, wenn sie sich in gutem Zustand befindet. Aber man muß die Unterlage mit ihrem ursprünglichen Farbton vervollständigen und dann neu vergolden. Die Flächen rings um die Lücken sind unbedingt zu reinigen, weil sie sonst beim Brünieren schwarz werden: Man entfettet sie mit Wasser und Firnisalkohol oder Brennsprit.

Vollständige Erneuerung der Vergoldung

Natürlich kommt es vor, daß die alte Vergoldung ihres allzu schlechten Zustands wegen keine Befestigung einzelner Teilchen oder Ausbesserungen erlaubt und nur die Lösung einer völligen Neuvergoldung übrigläßt; zuvor wird man jedoch nicht versäumen, ein Muster der ursprünglichen Unterlage und Goldschicht zu nehmen, um die Farbtöne zu treffen. In den günstigsten Fällen gelingt es, die Originalprofilierung zu erhalten (Abb. 65).

Andererseits ist man natürlich versucht, ein rohes Holz neu zu vergolden, das in den Vertiefungen Grundierspuren aufweist, oder ein Holz, das mit einer mittelmäßigen modernen Malerei oder Vergoldung behandelt wurde und von dem man annimmt, es sei ursprünglich vergoldet gewesen. Es ist bisweilen ein heikles Unterfangen, herauszufinden, ob ein Holz ursprünglich vergoldet war oder bemalt. Dabei kann das Aussehen der abgebeizten Schnitzerei helfen: Die zum Vergolden bestimmten Hölzer werden tiefer eingeschnitzt als die zu bemalenden, die eine geringere Dicke aufweisen. Sie sind beinahe schroff behandelt, weil die Vergoldung dazu neigt, die Formen zu runden. Schließlich werden gewisse Einzelheiten – etwa die Rippen der Blüten und Blätter – nicht angegeben, sondern der Profilierung vorbehalten (Abb. 68). Aber das Vergolden eines abgebeizten Holzes ist heikel, weil der Vergolder die Fonds nachmodellieren muß.

Es scheint nützlich, kurz die verschiedenen Arbeitsgänge der Vergoldung in Erinnerung zu rufen (Abb. 69), vor allem um das eben Gesagte zu illustrieren.

Zunächst ein paar grundsätzliche Bemerkungen: Die zu behandelnden Flächen müssen immer sauber sein, und bei jedem Arbeitsgang ist Leim von derselben Stärke zu verwenden; für das Einleimen und die Grundschicht ist er leichter. Die Vergolder benutzen einen Leim aus Hasenhautnerven[7], der heiß verwendet wird (Abb. 70).

Entfetten

Zuerst wird das Holz mit Salmiak oder heißem Essig entfettet; das bietet den zusätzlichen Vorteil, die Poren anzuheben und den Leim so leichter eindringen zu lassen.

Einleimen

Es bereitet das Holz für die verschiedenen Grundierschichten vor und konsolidiert es, wenn es wurmstichig ist. Mit dem Pinsel wird ein sehr heißer und

68
Ausschnitt aus einem geschnitzten Tisch, der zu vergolden ist.

sehr flüssiger Leim aufgetragen, dem verschiedene Vergolder ein wenig Knoblauch zugeben. Dieser Leim wird mit Schlämmkreide leicht gefärbt, um sicher zu sein, daß die ganze Oberfläche behandelt wurde. Falls die Poren angehoben bleiben, wird ein zweites Mal eingeleimt.

Grundierung

Sie dient dazu, die Oberfläche des Holzes zu isolieren und einzuglätten. Die Wichtigkeit dieser Operation kann gar nicht genug betont werden, denn wenn sie schlecht ausgeführt wurde, splittert nachher die Vergoldung ab. Auf Nußbaumholz haftet sie weniger gut, weil sein Korn sehr dicht ist. Die Grundierung ist eine Mischung aus Leim und Schlämmkreide, die vorher zubereitet werden kann, die jedoch während des ganzen Arbeitsgangs die gleiche sein muß: Wenn nicht alle Schichten der Grundierung die gleiche Stärke besitzen, wird sie reißen. Die Mischung wird im Wasserbad gewärmt und solange die Arbeit dauert auf gleichmäßiger Temperatur gehalten, weil sie sonst erstarrt. Aus dem gleichen Grund muß die Grundierung in einem warmen Raum (mindestens 20°C) vorgenommen werden.

Man «klopft» die Grundierung mit einem Pinsel auf (Abb. 71), um keine zu dicken Fonds zu erhalten; die zu profilierenden Teile werden reichlicher beschichtet als die flachen. Es braucht weniger für die *Louis-Quatorze-* oder *Régence*-Vergoldungen als für *Louis-Quinze*-Möbel, die bedeutend mehr Profilierungen aufweisen. Da die Grundierung sehr schnell erstarrt, muß sie auf einen kleinen Teil nach dem anderen aufgetragen werden. Die erste Schicht ist verhältnismäßig dünn und wird sehr gründlich aufgetragen; die weiteren (fünf oder sechs, bis das Holz gut beschichtet ist) sind dicker, außer der letzten, die wieder leichter ist. Es ist sehr wichtig, jede Schicht gut trocknen zu lassen, ehe die nächste gegeben wird – ein Grundsatz, dem leider nicht immer Beachtung geschenkt wird. Getrocknet wird am besten an der Sonnenwärme, die jedoch nicht zu stark sein darf.

Während der Vergolder die Grundierung aufträgt, verstopft er gleichzeitig die Löcher und Risse im

69
Die verschiedenen Phasen der Wasservergoldung. Weiße Grundierung (rechts); gelb eingeleimte Grundierung; braune Unterlage auf den erhabenen Teilen; Blattgold wird (im unteren Teil) auf die Unterlage aufgelegt.

70
Ein Teil der Werkzeuge und Werkstoffe des Vergolders. Rechts eine Tafel Hasenhaut-Leim. In der Mitte drei Blöcke Unterlage (schwarz, rot und gelb), drei Poliersteine und Schachtelhalme. Links Polierstab aus Buchs.

Holz mit einer ähnlichen Mischung wie die Grundierung selbst – Leim und Schlämmkreide –, die aber weniger Leim enthält, weniger flüssig ist und mit dem Bossierholz aufgetragen wird.[8] Es ist unbedingt notwendig, diese Mischung sorgfältig mindestens zwölf Stunden lang trocknen zu lassen. Sie kann in der Tat an der Oberfläche trocken sein, nicht aber im Inneren, und in dem Fall wird sie faulen, die Feuchtigkeit wird in die Grundierung eindringen und auf die Dauer ein Absplittern hervorrufen.

Die letzte Grundierschicht wird mit einem Pinsel geglättet, den man in lauwarmes Wasser taucht oder üblicherweise mit Speichel anfeuchtet, da das Wasser den Leim auflösen könnte. Anschließend wird abgeschliffen; der früher verwendete Schachtelhalm mit seiner gerillten Oberfläche[9] wird heute durch sehr feines Schmirgelpapier ersetzt, das ebenso wirksam ist, dient aber noch für schwer zugängliche Stellen; auch der Polierstab wird entweder allein oder zusammen mit einem Schachtelhalm verwendet; für die matten Teile der *Louis-Seize*-Möbel (Kanneluren, glatte Flächen) benutzt man Poliersteine, die in Blöcken verkauft und zersägt werden (Abb. 70).

Profilierung

Sie wird mit gekrümmten Eisen (Abb. 71 und 72) in der Grundierung vorgenommen, um die von den verschiedenen Schichten bedeckte Schnitzerei freizulegen und gegebenenfalls zu ergänzen und um die Fonds mit gravierten Motiven wie dem Gerstenkornmuster zu verzieren (Abb. 65). Bei dieser letzten Aufgabe pflegte der Vergolder zum Künstler zu werden.[10] Anschließend wird nochmals mit reinem Wasser und einem Schwamm entfettet, um die Modellierung zu glätten, oder es wird mit Schmirgelpapier behandelt.

Gelbes Einleimen

Es dient dazu, die Fonds dort zu verdecken, wo das Gold nicht in zu tiefe Stellen eindringen kann, ferner als Beize für die Unterlage und als Haftmittel für das Gold. Es ist ein leichter Leim ($^{1}/_{7}$ Leim und $^{6}/_{7}$ Wasser), der mit gelbem Ocker und zuweilen einem Pinselvoll Unterlage gefärbt wird. Man muß darauf achten, daß die Mischung keine Körnchen enthält und nicht zu heiß ist, um die Grundierung nicht abzulösen. Sie wird mit dem Pinsel aufgetragen. Man muß reichlich Gelb geben, um die Fonds gut zu erreichen, und dann mit einem Schwamm absaugen und trocknen lassen.

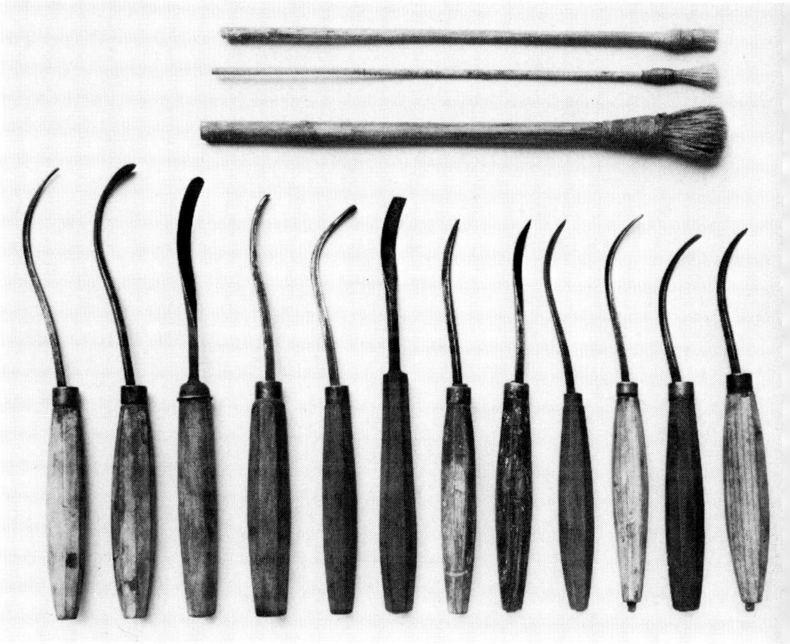

71
Werkzeuge des Vergolders. Oben: grobe Pinsel, um die Grundierung «anzuklopfen». Unten: verschieden geformte Profiliereisen.

Unterlage

Die Unterlage hält das Gold fest und erlaubt, ihm beim Brünieren ein glänzendes Aussehen zu verleihen. Früher gab es sie in verschiedenfarbigen Blöcken – schwarz, blau, grün, gelb, rot (Abb. 70) –, die im Augenblick der Verwendung gemischt werden konnten. Die Unterlage der Vergoldung war in Italien häufig gelb, in England schwarz. In Frankreich war sie zuerst rötlich, um dem Gold mehr Wärme zu geben, dann im 18. Jahrhundert dunkler und im 19. leuchtender; sie enthielt verschiedene Substanzen, insbesondere eine ockerfarbige, tonartige Erde, die armenischer Bolus genannt wurde und aus Steinbrüchen im Burgund,

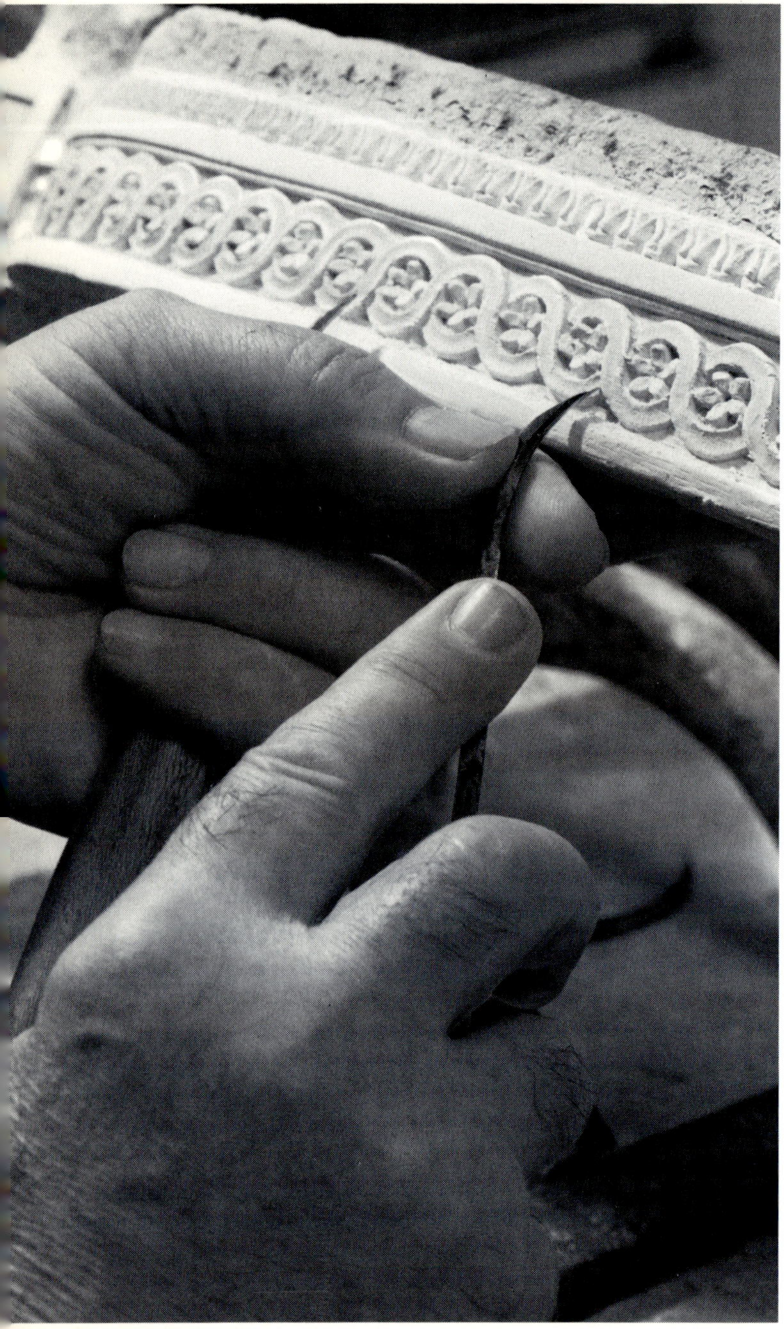

im Loiretal und in der Pariser Gegend – besonders Meudon – stammte. Vor ein paar Jahren wurde das französische Unternehmen, das diese traditionelle Unterlage herstellte, nicht mehr mit armenischem Bolus beliefert. Nach mehrjährigen Versuchen hat es nun eine andere Unterlage ausgearbeitet; es handelt sich im wesentlichen um Pfeifenerde[11], die mit Eisenoxyd rot gefärbt wird. Aber diese Unterlage besitzt nicht mehr alle Qualitäten der früheren. Es wäre bestimmt möglich, die Ausbeutung der Bolus-Gruben wieder aufzunehmen.

Es gibt Restauratoren, die noch alte Unterlagen besitzen. Um sie zu verwenden, wird der Block zuerst in Wasser aufgeweicht, dann wird ein leichter Leim eingerührt (wenn der Leim zu stark ist, erhält man eine ungenügende Brünierung). Nach und nach ersetzt der Leim das Wasser, das an die Oberfläche der Mischung tritt. Jeden Tag muß dieses überschüssige Wasser entfernt und durch das gleiche Quantum Leim ersetzt werden. Die Unterlage, die in einem irdenen Gefäß aufbewahrt wird, soll erst acht Tage nach ihrer Zubereitung verwendet werden, aber dafür bleibt sie lange brauchbar.

Die heutige Unterlage aus Pfeifenerde wurde zuerst in Blöcken angeboten, aber man warf ihr Körnigkeit vor. Jetzt ist sie als Paste erhältlich, die nicht mehr eingeweicht werden muß: Mit Leim verdünnt ist sie sofort verwendbar.

Es ist für die Restauratoren von entscheidender Wichtigkeit, den Farbton der alten Unterlagen zu treffen, besonders wenn es um auszubessernde

72
Die Profilierung. Sie wird in der Grundierung mit Eisen vorgenommen, die im Gegensatz zum Werkzeug des Bildhauers von vorne nach hinten gehandhabt werden.

73
Das eigentliche Vergoldungswerkzeug. Von links nach rechts: teilweise mit einem faltbaren Pergamentrand umgebenes Goldkissen aus der Haut eines totgeborenen Kalbs (auf der das Gold nicht haftet); Büchlein mit Goldblättern; Messer zum Zerschneiden der Goldfolie; Vergolderpalette, um die Folie aufzunehmen; Vergoldeimer mit zwei Netzpinseln; zwei Setzpinsel (wobei der dickere auch verwendet wird, um nach dem Vergolden abzustauben); Retuschierpinsel (man faßt die Goldteilchen auf der einen Seite und drückt von der anderen dagegen).

Stellen geht. Um sich Gewißheit zu verschaffen, entnehmen sie eine Probe. Wenn sie über keine alten Unterlagen in verschiedenen Farben mehr verfügen, müssen sie dic rote Unterlage mit Wasserfarben einfärben, zum Beispiel mit Ultramarinblau, um eine alte französische Unterlage zu erhalten, oder eine Spur Karmin, um sie leuchtender zu gestalten.
Die Unterlage muß sehr flüssig und vollkommen glatt sein, um keine dicke Schicht zu bilden: Der längliche Pinsel, mit dem sie «gelegt» wird, muß

sorgfältig abgewischt werden. Einzelne Vergolder tragen eine dicke Unterlage auf, um die Arbeit schneller auszuführen; aber mehrere dünne Schichten sind vorzuziehen. Die Stellen, die matt bleiben sollen, können eine einzige Schicht erhalten, was aber nicht unerläßlich ist; die zu brünierenden Stellen erhalten zwei oder drei Schichten, die jedesmal gut trocknen müssen, ehe die nächste gegeben wird. Um die Unterlage zu fixieren, kann man sie am Schluß des Vorgangs mit ein wenig Formol behandeln oder «beatmen».

Vergoldung

Es gibt noch zwei französische Unternehmen, denen anderweitige industrielle Tätigkeiten erlauben, wenigstens teilweise noch von Hand Gold zu schlagen. Andere Länder – Deutschland, England, Italien, Japan – liefern ebenfalls mehr oder weniger mechanisch hergestelltes Blattgold.[12] Es ist für den Restaurator wichtig, Gold verschiedener Herkunft zu haben, um bei Ausbesserungen den genauen Farbton treffen zu können. Die Goldblätter – zitronenfarbig, grün, rot und dazwischenliegende Nuancen – sind im Mittel 22karätig. Es sind Quadrate mit 80, 84 oder 93 mm Seitenlänge; die mittlere Länge entspricht jener der früheren Blätter und eignet sich besonders für die Ausbesserungen. Die Dicke der Blätter ist – mit 0,1 bis 0,8 my – heute geringer als im 18. oder 19. Jahrhundert: «Die Alten verwendeten viel dickeres Gold», schreibt schon Watin.[13] Das Gold wird in Büchlein oder Heften zu 25 Blatt geliefert. Es muß Vorsorge getroffen werden, damit der Restaurator nicht anstatt des Blattgolds Kupfer- oder Aluminiumfolien verwendet, die mechanisch geschlagen wurden und schon nach ein paar Monaten altern.

Im Vergleich mit den vorhergehenden Operationen läßt die Vergoldung sich verhältnismäßig rasch durchführen (Abb. 73). Der Vergolder entblättert das Büchlein über dem Goldkissen, indem er hineinbläst. Wenn er ein Blatt nehmen will, drückt er es flach auf das Kissen, und wenn er nur einen Teil benötigt, schneidet er ihn mit dem Messer. Das Wasser im Vergoldeimer neben ihm befindet sich auf Zimmertemperatur und wird mit ein wenig Leim und zur Beschleunigung des Trocknens sowie zum Entfetten allenfalls mit ein wenig Alkohol versetzt. Das Wasser im Eimer muß von Zeit zu Zeit erneuert werden, weil die Unterlage ein wenig abfärbt. Der Vergolder netzt die zu vergoldende Fläche mit dem Pinsel[14], um so die Unterlage einzufeuchten, die das Gold festhalten wird. Er fährt mit der Vergolderpalette entweder über sein Haar oder über die zuvor leicht eingefettete Wange (die Vergolderinnen über den Vorderarm), nimmt das Blatt Gold mit dem Messer auf und legt es hin. Man vergoldet von links nach rechts zuerst die zu mattierenden und dann die zu brünierenden Partien, damit das Wasser nicht auf die letzteren läuft, wo es Flecken hervorrufen und den Glanz der Politur verhindern würde. Die Blätter überlagern sich ein klein wenig. An unebenen Stellen oder wo das Blatt sich nicht leicht ausbreiten läßt, hilft man oft mit dem Setzpinsel nach. Um sehr kleinflächige Stellen zu vergolden, werden die erforderlichen Goldstückchen mit einem feinen Pinsel aufgenommen, der Retuschierpinsel genannt wird.

Das Trocknen der Vergoldung hängt von der Grundierung ab und von der Raumtemperatur; an einzelnen Stellen kann es rascher erfolgen als an anderen. Es darf erst nach drei Stunden brüniert werden. Die trockene Vergoldung wird mit einem

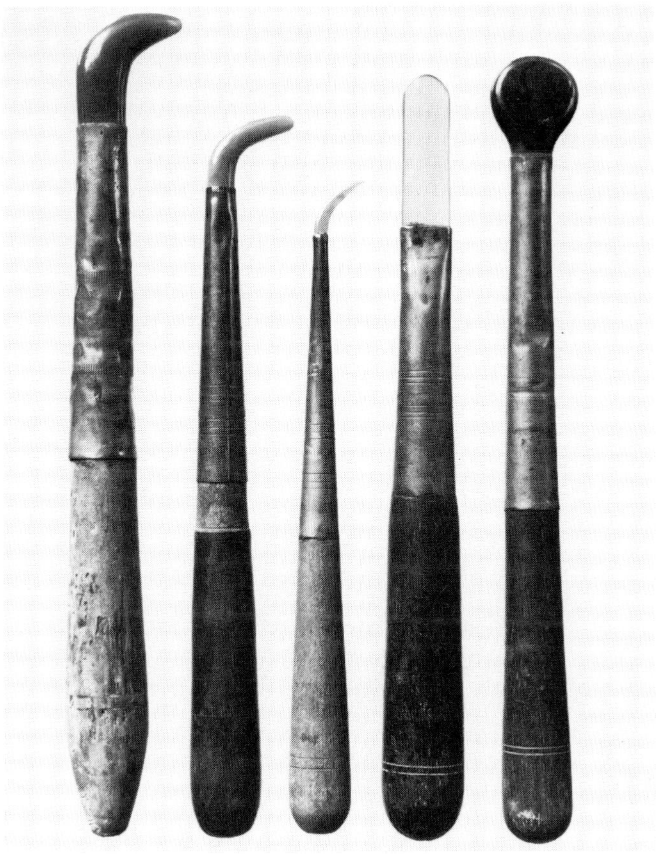

74
Achatsteine zum Brünieren

75
Das Brünieren. Das Werkzeug muß mit dem linken Daumen sorgfältig festgehalten werden, damit der Stein nicht über die Stellen gleitet, die matt bleiben sollen.

groben Pinsel abgestaubt. Es gibt Restauratoren, die zweimal vergolden, um eine schönere Politur zu erhalten; wenn es sich um Ausbesserungen handelt, erlaubt dieses Vorgehen, die Dicke der alten Vergoldungen zu erreichen.

Brünieren

Die zu brünierenden Partien werden leicht eingefettet, damit der Achatstein leichter gleitet. Die italienischen Vergolder pflegten die Fonds zu brünieren. In Frankreich brüniert man im 18. Jahrhundert nur die geschnitzten Partien. Manchmal wird das Gold beim Brünieren schwarz: Dann müssen Goldblatt und Unterlage abgeschliffen und die letzten Operationen neu vorgenommen werden.

Mattieren

Diese letzte Operation, die dazu dient, das Gold zu mattieren und stärker hervortreten zu lassen, wird mit einem verdünnten Leim vorgenommen; dieser sogenannte Mattierleim wird von rechts nach links über alle vergoldeten Teile aufgetragen, sogar die brünierten, die sonst zu hell glänzen würden.[15]

Patina

Nach dem Brünieren und Mattieren werden die Ausbesserungen mit einem harten Pinsel und ein wenig Wasser verschmolzen, um die Patina zu fördern. (Abb. 76).

Das Patinieren ist notwendig, um die Ausbesserung im gesamten Werk aufgehen zu lassen oder, wenn es sich um die Erneuerung des ganzen Möbelstücks handelt, um dem Aussehen der ursprünglichen Vergoldung möglichst nahe zu kommen. Das Patinieren ist vor allem dann unerläßlich, wenn ein allzu frisch vergoldetes Holz eine störende Kontrastwirkung hervorzubringen droht – etwa bei einem Stuhl, der noch seinen ursprünglichen, gealterten Bezug besitzt, oder bei einem Rahmen für ein altes Bild. Das Gold kann mit Schmirgelpapier abgeschliffen und dann mit einem Saft behandelt werden, der es abschwächt. Jeder Restaurator hat seine eigene Methode unter Verwendung von Gouache, Alkoholfirnis, Terpentinöl. Am klügsten ist es wiederum, Hasenhaut-Leim zu benutzen, diesen eigentlichen Grundstoff der Vergoldung, und eine je nach der gewünschten Wirkung mit Aquarell gefärbte Schicht aufzutragen.

Auch hier muß wieder festgestellt werden, wie langwierig die für eine gute Restaurierung erforderlichen Operationen sind. Es gibt leider Vergolder, die wenig orthodoxe Methoden zu Hilfe nehmen, um Zeit zu gewinnen: Auftragen von Grundierung und Unterlage mit der Pistole und Trocknen mit dem elektrischen Trockner, der das natürliche Trocknen nicht ersetzen kann.

DIE ÖLVERGOLDUNG

Diese in England schon im 17. Jahrhundert übliche Methode[16] gelangt im 18. Jahrhundert nach Frankreich, wo sie von Watin untersucht wird (Abb. 77).

Das Holz kann auf zwei Arten beschichtet werden: entweder mit einem «harten Farbton» aus gelbem oder rotem Ocker mit einem fetten Firnis oder mit einer weißen Grundierung, die jener der Wasservergoldung ähnlich ist und mit einem Schellackfirnis überzogen wird. Hie und da wird anschließend eine Unterlage aufgetragen. Dann wird mit dem geglühten Öl, das fixfertig im Handel erhältlich ist[17], vergoldet. Man trägt nur wenig mit einem harten Pinsel auf und entfernt anschließend soviel wie möglich, denn wenn die Schicht zu dick ist, trocknet sie schlecht, und das daraufgelegte Gold wird

76
Die Patina. Ein *Louis-Seize*-Rahmen, auf dem die Vergoldung ausgebessert wurde. In der Mitte rechts ist das neue Gold bereits ein wenig, oben links schon beinahe vollständig patiniert.

77
Ölvergoldung eines Rahmens. Der Vergolder hält in der Linken das Kissen, von dem er eben die Goldfolie mit der Vergolderpalette abgehoben hat, um sie mit der Rechten aufzutragen.

schwarz. Je nach ihrer Zusammensetzung erfordert diese Ölmischung drei, sechs oder zwölf Stunden, um zu trocknen. Dann werden die Goldblätter aufgelegt; man läßt sie trocknen und überzieht sie dann mit einem Mattierleim oder einem farblosen Firnis aus Schellack und Alkohol[18] und patiniert.

78
Georges Jacob: Ruhebett aus Nußbaum, 1785 (H. 0,98 m, L. 1,81 m, Br. 0,60 m). 1968 restauriert. Jacobs Rechnung hält die verschiedenen Arbeitsgänge fest: Das Ruhebett erhielt «mehrere Schichten Grundierweiß für die Vergoldung», dann wurden «alle Verzierungen mit Wasser abgeschmirgelt und poliert», ferner «sorgfältig» profiliert und mit «zwei Schichten» bemalt, «nämlich: die Fonds in hellem Lila und die besagten Verzierungen mit Bleiweiß hervorgehoben» und schließlich angeleimt und «mit einem schönen, feinen Firnis» gefirnißt[19]. Die ursprüngliche Malerei war sehr beschädigt. Die leichte Grundierung wurde ohne Übertreibung nachmodelliert, denn die Schnitzerei ist schon sehr zart; dann wurde die Malerei anhand noch vorhandener Elemente weitgehend wiederhergestellt. (Versailles, Musée national du Château)

Die Ölvergoldung geht viel schneller als die Wasservergoldung, aber sie verliert ihren Glanz und verträgt das Anfassen nicht.
Der Goldleim ist eine Mischung für ein noch kürzeres Verfahren, das höchstens dreiviertel Stunden beansprucht. Es wird für Ausbesserungen von Ölvergoldungen verwendet.

VERSILBERN

Das zum Beispiel in Italien häufige Versilbern geschieht mit Wasser oder Öl wie das Vergolden. Die Silberblätter sind dicker als die Goldblätter. Um das Oxydieren zu vermeiden, werden sie mit einem farblosen Firnis überzogen oder mit einem goldenen, falls eine Vergoldung nachgeahmt werden soll.

Bemalung

Die Restaurierung von bemalten oder, wie man häufig sagt, lackierten Möbeln stellt sehr ähnliche Probleme wie die der vergoldeten, wenn die Bemalung auf eine Grundierung aufgetragen wurde. Für die durchzuführende Arbeit gelten die gleichen Bemerkungen, und entsprechend sind auch die Lösungen (Abb. 78).
Wenn es sich um eine Leimfarbe handelt, die abblättert, entfernt man, was nicht haftet, bessert die Grundierung aus, modelliert nach, wenn eine Profilierung vorhanden war, und nimmt die Ausbesserung mit einer Leimfarbe (oder Gouache) vor, die mit Hasenhaut-Leim verlängert wurde; dieses Vorgehen kommt der traditionellen Malerei am nächsten.
Wenn ganz neu bemalt werden muß, überzieht man das Holz wie bei der Vergoldung mit mehreren Grundierschichten und verkittet wenn nötig die Löcher. Dann folgt das Abschleifen und gegebenenfalls die Nachmodellierung. Die Bemalung wird mit einer Mischung aus Weiß und Hasenhaut-Leim durchgeführt, die mit Pigmenten und Farbpulvern gefärbt wird. Gewisse Pigmente schlagen um; es muß deshalb besonders auf die Haltbarkeit der Farben geachtet werden. Die Leimfarbe wird manchmal ohne Grundierung direkt aufgetragen, wenn sie genügt, um die Fehler im Holz zu verdecken. Aber in beiden Fällen sind meistens zwei Farbschichten erforderlich.
Wenn die Ausbesserung oder völlige Erneuerung der Bemalung fertig ist, muß sie mit einem unsichtbaren Schutz fixiert werden. Dafür gibt es verschiedene Möglichkeiten: Der Alkoholfirnis verleiht der Malerei ein glänzenderes Aussehen, dunkelt sie aber ein wenig; um ein mattes Aussehen zu erreichen, wird natürliches Wachs verwendet oder eine Leimbrühe, die beide durchsichtig sind; aber das Wachs fixiert schlechter als der Firnis.
Ölfarbe kann ebenfalls auf eine Appretur aufgetragen werden und erfordert auch zwei Schichten. Sie ist weniger gefährdet als die Leimfarbe und bedarf keines besonderen Schutzes, aber unter Umständen nimmt sie eine Patina an.
Bei Möbeln mit hervorgehobenen Motiven, die eine vergoldete Verzierung in Relief und einen bemalten Fond aufweisen, wird die Grundierung gleichmäßig auf alles aufgetragen; dann wird zunächst vergoldet, um zu vermeiden, daß das Wasser auf die Malerei läuft, und anschließend dem ursprünglichen Verfahren gemäß mit Leim- oder Ölfarbe bemalt.

KONSERVIERUNG

Um ein restauriertes antikes Möbel nicht neuen Leiden auszusetzen, soll das erste Anliegen darin bestehen, es in einer gleichbleibenden oder sich nur sehr langsam verändernden Atmosphäre aufzustellen. Es ist empfehlenswert, die Luftfeuchtigkeit auf ungefähr 50% zu halten und die Temperatur zwischen 15 und 20°, wobei 18° dem Idealzustand entsprechen und Temperaturen über 20° für das Möbel ebenso schädlich sind wie für seinen Besitzer. Wenn die Klimabedingungen wiederhergestellt sind, für die das Möbel geschaffen wurde, bewahrt auch sein Baumaterial – Holz, Leim – seine Eigenschaften und seinen Zusammenhalt. Es gilt vor allem, plötzliche Schwankungen zu vermeiden, auf die furnierte Möbel noch empfindlicher reagieren als massive. Die Möbel arbeiten vor allem im Frühjahr, und so muß man zu dieser Jahreszeit besonders wachsam sein und vermeiden, das Möbel in der Nähe einer Wärmequelle oder eines Fensters oder in Zugluft aufzustellen. Die Luft muß das ganze Jahr hindurch feucht gehalten werden, auch im Sommer, sei es mit Luftbefeuchtern oder mit einfacheren Mitteln wie Blumen in Vasen oder Pflanzen. Ein ausgezeichnetes Mittel besteht darin, einen feuchten Schwamm in einem Plastikbehälter unter das Möbel zu stellen oder sogar in das Möbel, wenn es wie so oft einen seitlichen Hohlraum neben den Schubladen aufweist; die wohltätige Feuchtigkeit wird nie groß genug sein, um ein Losleimen zu bewirken.

Mehrere andere vernünftige Vorsichtsmaßnahmen können ohne Belästigung getroffen werden, um Struktur und Aussehen des Möbels zu bewahren. Wenn sein Standort gewechselt werden soll, muß es natürlich getragen und nicht über den Fußboden gezerrt werden, besonders wenn es nicht leer ist. Gegebenenfalls hebt man zuerst die Marmorplatte ab, die nicht flach transportiert wird, sondern hochkant. Wenn das Möbel aufgestellt ist, muß es gesichert werden, was insbesondere verhindert, daß die Beine oder Füße aus den Fugen gehen; ferner soll man es nicht überlasten und die Türen schließen, damit sie sich nicht verziehen. So soll man im besonderen die Klappe eines Sekretärs nicht ständig offen lassen, weil sie sich verziehen würde, während die darunter angesammelte Wärme die Intarsie beschädigen kann. Wenn ein Möbel ein Schloß besitzt, ist es besser, den Schlüssel nicht abzuziehen: So vermeidet man schwere Schäden bei einem

Einbruch. Auch die Marmorplatten müssen fixiert werden: Wenn sie nicht ganz flach aufliegen, können sie brechen, wenn jemand sich darauf stützt. Die schweren Marmorplatten sind gefährlich: Die Konsolen könnten unter ihrem Gewicht einbrechen. Es empfiehlt sich deshalb, sie mit einem Metallrahmen zu befestigen, der in die Wand eingelassen wird und auf dem entweder die hintere Querleiste der Konsole oder die Marmorplatte selbst aufliegt.

Der Unterteil der Möbel muß geschont werden, ist er doch als Opfer der Besen und Fußtritte besonders verwundbar. Es ist nützlich, das Ende der Beine mancher Möbel – vor allem der Sitzmöbel – zu schützen, indem man sie mit den im Handel erhältlichen «Dämpfern» versieht: mit einer oder drei Zacken versehene Stahlplättchen[1] in verschiedenen Größen, die unter dem Bein befestigt werden und das Parkett nicht zerkratzen.

Wenn eine Schublade schlecht gleitet, behandelt man die seitlichen Unterkanten und die unteren Streichleisten mit Paraffin, hartem Wachs oder trockener Seife.

Die furnierten Möbel bedürfen besonderer Pflege. Wenn ein Stück Furnier sich abhebt, befestigt man es vorläufig mit Klebstreifen von guter Qualität, der keinen Firnis beseitigt. Ebene Flächen einer Boulle-Arbeit – Tisch- oder Kommodenplatten – können mit einer Glasplatte bedeckt werden, die das Kupfer festhält.

Im weiteren schützt man die Farbe des Möbels mit Markisen und Standortveränderungen, um nicht stets die gleiche Seite dem Licht auszusetzen.

Für die Möbelpflege können wir ein paar wohlbekannte Empfehlungen in Erinnerung rufen. Beim Abstauben ist darauf zu achten, daß das Tuch nicht an Furnierteilen hängenbleibt. Vor allem reinige man nicht mit Leinöl (vgl. S. 80), wie dies im 19. Jahrhundert empfohlen wurde[2], weil der Staub sich in dieser Fettschicht festsetzt und schließlich eine Kruste bildet. Es darf kein Produkt angewendet werden, solange nicht abgestaubt ist, denn der Staub wirkt wie ein Abschleifmittel.

Um ein gewichstes antikes Möbel zu pflegen, genügt es, wie wir gesehen haben, es mit einem weichen, trockenen und nicht fasernden Lappen abzureiben. Im übrigen wird grundsätzlich einmal im Jahr mit Bienenwachs gewichst und nicht etwa mit einem der modernen silikonhaltigen Produkte. Auf einem gefirnißten Möbel dient das Wachs zu nichts: Es kann zwar die Farbe auffrischen, fängt aber Staub und schafft so eine Schmutzschicht, die später zum Abbeizen zwingt, wenn der Firnis ausgebessert wird. Die gefirnißten Möbel müssen nur abgestaubt werden; für eine gründlichere Reinigung bedient man sich des «japanischen Wassers» (vgl. S. 80). Bei gefirnißten Möbeln ist eine gewisse Vorsicht geboten: Der alkohollösliche Firnis nimmt leicht Spuren von Getränken an und wird bei der Berührung mit einer heißen Fläche weich. Die bemalten, vergoldeten oder lackierten Möbel werden ebenfalls nicht gewichst. Die bemalten Möbel reinigt man mit dem «japanischen Wasser». Die vergoldeten Möbel müssen nur abgestaubt werden. Um Lackmöbel zu reinigen, empfiehlt ein kürzlich erschienenes, von einem Lackierer geschriebenes Buch ebenfalls die Verwendung von «japanischem Wasser» oder weißem Rum.[3]

ANMERKUNGEN

EINLEITUNG

1 Oder kein «blau und weißes» Möbel, wie die französischen Restauratoren sagen.

2 «Bericht und Abrechnung über die Reparaturen und Arbeiten, die ich, Juan Miguel Borobey, Kunsttischler am Hofe Ihrer Majestät der Königin, unser aller Mutter, von Oktober bis Ende Dezember 1691 im königlichen Dienste Ihrer Majestät ausgeführt habe. Zunächst am 10. Oktober 1691 einen Schreibtisch aus Schildpatt reinigen und reparieren, der als Toilettentisch dient, mit Bein und Tischplatte aus demselben Material, wofür ich im königlichen Gemach Ihrer Majestät mit vier Gesellen bis am 27. besagten Monats gearbeitet habe, und wurden dabei verschiedene Stücke aus Schildpatt und Profilleisten aus Ebenholz eingesetzt, und desgleichen arbeitete dort ein Goldschmied, um das Silber zu reinigen und die vergoldeten Teile und Bronzeverzierungen und Figuren neu zu vergolden, mit denen der Tisch geschmückt war, und vier Bronzefiguren anzubringen und die Platte auszubessern, die in der Mitte einen Riß aufwies, wofür die gesamten Kosten an Material und Arbeit eintausendfünfhundert Reale betrugen... Außerdem am 9. Dezember besagten Jahres einen Tisch repariert, ganz aus Schildpatt, mit 32 kleinen, in die Tischplatte eingelassenen Spiegeln, auf die Kinder gemalt sind, und verschiedene Spiegel eingesetzt, die fehlten, und viele Stücke aus Schildpatt und beinahe die ganze umlaufende Zierleiste; und die Eisenbeschläge der Beine gereinigt und verzinnt, wofür die gesamten Kosten an Material und Arbeit sich auf 450 Reale belaufen... Außerdem ein anderes kleines Tischchen aus Birnbaum repariert, das stark beschädigt war, und es mit brünierten Eisenbeschlägen versehen, welche Reparatur 40 Reale beträgt.» Madrid, Archivo de Palacio, Sección administrativa, leg. 631 (Ebanistas) «An den Schreiner Potain für Ausbesserungen an von ihm gefertigten Möbeln in den Gemächern Ihrer Durchlaucht des verstorbenen Fürsten und der Fürstin, 35 Livres, 5 Sous»; «An den Kunsttischler Guillemard für die Ausbesserung eines mit grünem Ebenholz eingelegten Schranks im Alkoven des Goldenen Gemachs und Lieferung eines Blasebalgs für das Feuer und eines Schranks aus Nußbaumholz, 87 Livres». Paris, Arch. nat., R^3 296, Abrechnung des Nachlasses des Prinzen von Condé, 1711, S. 272, 282

3 Paris, Arch. nat., Minutier central (Aktenregister), Notariat XXVIII, Aktenbündel 64, 8. August 1702

4 L. Courajod, Livre-journal de Lazare Duvaux, marchand-bijoutier ordinaire du Roy, 1748–1758, Bd. II, Paris 1873, S. 32, 135, 244

5 So erging es seit 1776 wiederholt dem berühmten, 1769 gelieferten Schreibtisch Ludwigs XV.: P. Verlet, Le Mobilier royal français, Bd. II, Paris 1955, S. 65–75; oder 1777 der Kommode aus dem Gemach Ludwigs XVI. in Versailles, die 1775 geliefert wurde: P. Verlet, Le Mobilier royal français, Bd. I, Paris 1945, S. 21–24.

6 Arch. nat., O^1 3524, «Seit dem Jahre 1666 gültige Anordnung in der Königlichen Gerätkammer», Bericht aus dem Monat Mai 1753. Vgl. P. Verlet, French royal furniture, London 1963, S. 46–49.

7 Vgl. zum Beispiel G. de Bellaigue, The James A. de Rothschild Collection at Waddesdon Manor. Furniture, Clocks and Gilt Bronzes, London/ Fribourg 1974, Bd. I, S. 182.

8 A. Setterwall, Some Louis XVI Furniture decorated with *pietre dure* Reliefs, in: The Burlington Magazine 101, 1959, S. 425–435

9 Für einen italienischen Schreibtisch (G. de Bellaigue,

The James A. de Rothschild Collection..., London/Fribourg 1974, Bd. II, S. 574–576) zwei englische Sekretärklappen (Auktion in London, Sotheby's, 5. Oktober 1973, S. 70, Nr. 116, Abb.).

10 Um 1808 gibt der Kunsttischler Jacob Desmalter in Paris zu wissen, daß er über zwölf Gesellen verfügt, «die täglich in den Häusern, für die wir zu arbeiten pflegen, mit aller Art Instandhaltungen beschäftigt sind». D. LEDOUX-LEBARD, Les ébénistes parisiens du XIXe siècle (1795–1870), leurs œuvres et leurs marques, Paris 1965, S. 251

11 D. LEDOUX-LEBARD, Les ébénistes parisiens..., Paris 1965, S. 516, 76

12 D. LEDOUX-LEBARD, Les ébénistes parisiens..., Paris 1965, S. 473

13 A. SAUZAY, Musée impérial du Louvre, Musée de la Renaissance. Série B. Notice des bois sculptés..., Paris 1864, S. 37–38

14 E. WILLIAMSON, Les meubles d'art du Mobilier national, Paris o. J. (1888), Bd. I, Taf. I

15 D. LEDOUX-LEBARD, Les ébénistes parisiens..., Paris 1965, S. 290

16 G. DE BELLAIGUE. Edward Holmes Baldock, II, in: The Connoisseur 190 (September-Dezember 1975), S. 20–21

17 P. EUDEL, Le truquage. Altérations, Fraudes et Contrefaçons dévoilées, Paris o.J. (1908), S. 297

18 Für viele Fachleute ist das Restaurieren ein individueller Beruf. Ein allein arbeitender Restaurator kann im Jahr zwölf bis zwanzig Möbel restaurieren.

19 Zum Beispiel an einem Lackschreibtisch, der Ludwig XV. 1744 geliefert und 1787 umgewandelt und mit «gelbem Holz» furniert wurde. P. VERLET, Le Mobilier royal français, Bd. I, Paris 1945, S. 8–11

20 L. COURAJOD, Livre-journal de Lazare Duvaux..., Paris 1873, Bd. II, S. 50, 289

21 D. LEDOUX-LEBARD, Les ébénistes parisiens..., Paris 1965, S. 442

22 L. COURAJOD, Livre-journal de Lazare Duvaux..., Paris 1873, Bd. II, S. 276, 349

23 Der Historiker ist stets dankbar für solche Angaben, die für die Herkunft und Geschichte des Möbels interessant sind. Vgl. G. DE BELLAIGUE, The James A. de Rothschild Collection... London/Fribourg 1974, Nr. 49, 65, 67, 86, 87, 94, 116, 117. Ein Restaurator des vergangenen Jahrhunderts hat auf einem Riesener-Schreibtisch in Versailles eine Nachricht hinterlassen, um seine Nachfolger auf die Dünne des Furniers hinzuweisen. P. RAMOND, La Marqueterie, Dourdan 1977, S. 24–25

WERKSTOFFE UND WERKZEUG

1 Pierre Dehaye hat vorgeschlagen, der Staat könnte bestimmten Handwerken helfen, indem er die Lagerhaltung schwer beschaffbarer Produkte begünstigt. P. DEHAYE, Rapport à Monsieur le Président de la République sur les difficultés des métiers d'art, Paris 1976, S. 91–92

2 ROUBO, L'Art du Menuisier, T. III, Vol. III: L'Art du Menuisier Ebéniste, Paris 1774, Tafel 278

3 Höchstens eine Linie (2,25 mm): ROUBO, L'Art du Menusier, T. III, Vol. III, Paris 1774, S. 799.
Wir danken hier den Herren Douville, die in Villeneuve-la-Garenne (Departement Hauts-de-Seine) als Brettschneider mit Hubsäge tätig sind, für die uns erteilten Auskünfte. Vgl. P. RAMOND, La Marqueterie, Dourdan 1977, S. 40–42

4 Darüber klagt schon Roubo: «Die Tischler haben immer ein großes Geheimnis um die Zusammensetzung ihrer Farben gemacht, um sich deren ausschließliche Nutznießung vorzubehalten...: Daher kommt es, daß die meisten Zusammensetzungen der alten Kunsttischler entweder nicht auf uns gekommen sind oder schlecht nachgeahmt wurden; & daß diejenigen, deren man sich heute bedient, entweder mangelhaft sind oder, wenn sie gut sind, nicht vervollkommnungsfähig, weil ihre Inhaber die entsprechenden Verfahren verheimlichen.»: ROUBO, L'Art du Menusier, T. III, Vol. III, Paris 1774, S. 792.

SCHÄDEN

1 Ein Holz wird feinkörnig genannt, wenn die Poren nicht an der Oberfläche sichtbar sind (zum Beispiel bei den Obstbaumhölzern).

2 ROUBO, L'Art du Menusier, T. III, Vol. II: L'Art du Menuisier en Meubles, Paris 1772, S. 601; vgl. auch T. III, Vol. III, Paris 1774, S. 811–812, 866–867.

3 L.-S. MERCIER, Tableau de Paris, T. IX, Amsterdam 1788, S. 245

4 PH. BURTY, Le mobilier moderne, in: Gazette des Beaux-Arts 24 (Januar–Juni 1868), S. 43

5 Vernachlässigtes Mobiliar nimmt rasch Schaden. Von vierundzwanzig Mahagonistühlen mit einer Leier in der Rücklehne, die der Prinzessin De Lamballe 1787 in Versailles geliefert wurden, meldet man bereits 1791 «vier zerbrochene Rücklehnen und eine halbe Leier verloren» und «zudem ein Vorderbein eines der besagten Stühle gebrochen»: P. VERLET, Le Mobilier royal français, Bd. II, Paris 1955, S. 150–151.

6 Madame de Girardin, Le Chapeau d'un horloger, Paris 1855, S. 3

7 Das Centre Technique du Bois und das Centre Technique Forestier Tropical haben eine Liste der von ihnen ausgewählten Produkte veröffentlicht: Produits de préservation du bois homologués à la marque de qualité CTBF. Liste des produits et guide de l'utilisateur, 1er janvier 1977, Paris, Centre Technique du Bois, 1977.

8 Es wird empfohlen, vorsichtig vorzugehen: Wenn das Loch mit Sägemehl verstopft ist, kann das mit zuviel Druck gespritzte Produkt abprallen und die Augen gefährden.

9 So das Paraloid B 72, ein Acrylharz, das in Xylol oder Toluol aufgelöst wird. Es handelt sich um ein recht gefährliches Produkt, das nicht eingeatmet werden darf.

DIE TISCHLERARBEIT

1 Für die verschiedenen Arten der Vergoldung und Bemalung verweisen wir auf das Kapitel «Vergoldung und Bemalung».

2 Wenn sie mit Leim zubereitet wird, bringt man sie bedeutend weniger leicht, und nur durch Alkohol, zum Verschwinden.

3 So sehr, daß es sogar die Stempel auslöschen kann.

4 Siehe zum Beispiel E. Klatt, Die Konstruktion alter Möbel, Stuttgart 1973 (Text deutsch, englisch und französisch), mit Kommentaren zum Bau zahlreicher europäischer, besonders deutscher Möbel.

5 Ein in den Tischlerwerkstätten verwendeter Ofen.

6 Es ist besser, ein altes Buchenholz zu wählen: Wenn es zu frisch ist, kann es von den Tapezierernägeln aufgerissen werden.

FURNIER

1 Roubo, L'Art du Menuiser, T. III, Vol. III, Paris 1774, S. 290, 299, 303

2 Wenn die Intarsie in ein *Louis-Seize*-Möbel eingesetzt wurde, kann sie zur Bereicherung des Stücks hinzugefügt worden sein.

3 Wenn der Bogen einer furnierten Tafel regelmäßig ist, wird man ihn auch vorteilhaft auf einem Karton nachformen, der daraufgelegt und anschließend auf einer Holzunterlage befestigt wird; die abgelöste, auf dem Karton befestigte Tafel bewahrt ihre Wölbung.

4 Die Holzarten können von gewissen Stellen wie etwa dem Centre Technique du Bois (10, Avenue de Saint-Mandé, 75012 Paris) bestimmt werden.

5 P. Ramond, La Marqueterie, Dourdan 1977, S. 58–65

6 Roubo, L'Art du Menusier, T. III, Vol. III, Paris 1774, S. 863

7 «Es tönt nach Glocke», sagen die Kunsttischler. Für diese Arbeit ist es besser, wenn nicht zu viel Lärm herrscht.

8 Es empfiehlt sich, die Eisen auf einem Gaskocher zu erwärmen, der ihre Temperatur zu dosieren erlaubt; man erhitzt mehrere Eisen gleichzeitig und benutzt jedes, bis es nur noch lauwarm ist. Es gibt auch elektrische Furniereisen.

FINISH DER GEFIRNISSTEN UND GEWICHSTEN MÖBEL

1 Das Schabeisen ist ein rechteckiger Stahl, dessen man sich mit beiden Händen bedient: Man schabt mit den Kanten der beiden Breitseiten, die entweder gerade oder abgeschrägt sein können oder gebogen, um sich den Hohlpartien anzupassen. Dieses Werkzeug ist besonders schwer zu schleifen.

2 Bei Temperaturen über 20°C sind für das Firnissen Vorsichtsmaßnahmen zu treffen: Im Sommer bewahrt man die Firnisflaschen in kaltem Wasser auf, sonst verklebt sich der Firnis.

3 Der beste Tampon wird aus aufgezogener Strickwolle gemacht. Es empfiehlt sich, verschiedene Tampons entweder nur für das Füllen oder nur für das Firnissen zu benutzen. Anstatt sie in Metalldosen aufzubewahren, die rosten und Löcher bekommen, ist es ratsam, sie in hermetisch schließende Glasbehälter zu legen, damit sie nicht austrocknen.

4 Wenn es heiß ist, wird der Tampon stärker angefeuchtet, denn in diesem Fall verflüchtigt sich der Alkohol schneller.

5 Besonders der zum Füllen verwendete Bims, der Gefahr läuft, den Firnis weiß zu machen.

6 Er darf nicht kalt sein, damit er schneller verdunstet und nicht bei der Berührung mit dem Bims einen Schlamm bildet. Man gibt dem Bims gegebenenfalls ein geringes Quantum Holzpulver bei, das während des Abschleifens angefallen ist und aufgehoben wurde.

7 J.-F. Watin, L'Art du Peintre, Doreur, Vernisseur, 2. Auflage, Paris 1773, S. 276

8 Roubo, L'Art du Menuisier, T. III, Vol. III, Paris 1774, S. 862–865

BOULLE-INTARSIEN

1 ROUBO, L'Art du Menusier, T. III, Vol. III, Paris 1774, S. 983

2 «Die Kunsttischler verwenden das Schildpatt nicht roh, das heißt sie setzen es nicht unmittelbar auf das Holz, sondern füttern es, nachdem sie Form und Dicke hergerichtet haben, um es zu grundieren und damit der Leim und die Färbungen des Blindholzes nicht durchscheinen. Dieser Belag ist nichts anderes als eine Schicht Schwarz oder Rot, die auf der Innenseite des Schildpatts aufgetragen und dann mit aufgezogenem Papier bedeckt wird.... Diese beiden Farben sind die einzigen, mit denen das Schildpatt behandelt wird, wenigstens im allgemeinen, und die rote ist heute die gebräuchlichste.» ROUBO, L'Art du Menusier, T. III, Vol. III, Paris 1774, S. 1011

3 ROUBO, L'Art du Menusier, T. III, Vol. III, Paris 1774, S. 983, 995, 1001

4 D. LEDOUX-LEBARD. Les ébénistes parisiens..., Paris 1965

5 L. COURAJOD, Livre-journal de Lazare Duvaux..., Bd. II, Paris 1873, S. 247 und 277

6 Auktion in London, Christie's, 30. November 1972, Katalog S. 22, Nr. 70

7 Paris, Arch. nat., O[1] 3631, Rechnung von Riesener, 2. Semester 1784; O[1] 3635, Rechnung von Riesener, 2. Semester 1785

8 D. LEDOUX-LEBARD, Les ébénistes parisiens..., Paris 1965, S. 359, 82

9 Roubo zufolge schwankt die Dicke des Schildpatts zwischen $^3/_4$ Linien (1,7 mm) und $1^1/_2$ Linien (3,4 mm): Roubo, L'Art du Menusier, T. III, Vol. III, Paris 1774, S. 1008.

10 Dieser Kitt setzt sich in der Restaurierungswerkstatt des Louvre folgendermaßen zusammen: Schildpattpulver, das beim Zersägen und Abschleifen des Schildpatts gewonnen wird; Sägemehr von Lindenholz, um den Leim gut aufzusaugen; Vinylleim; Farbe als Pulver oder Wasserfarbe, je nach dem Ton des Schildpatts (zum Beispiel Bismarckbraun, Terra di Siena, gebrannte Siena, gebrannte Umbra); ein wenig Lithopone zur Härtung der Mischung.

11 ROUBO, L'Art du Menusier, T. III, Vol. III, Paris 1774, S. 1020

12 P. Ramond, La Marqueterie, Dourdan 1977, S. 56

13 Da das Ablösen der Boulle-Intarsien eine langwierige und schwierige Arbeit ist, wurde vor ein paar Jahren ein abgekürztes Verfahren ausprobiert, als eine um 1690 in Paris gebaute Staatskutsche der königlichen schwedischen Sammlungen restauriert werden mußte, deren Boden mit Kupfer und Schildpatt eingelegt war. Die von 1971 an im Stockholmer Institutet för Materialkunskap durchgeführte Restaurierung stand unter der Leitung von Rune Håkansson, dessen Mitarbeiterin Anna Østrup uns freundlicherweise die folgenden Auskünfte über die Methode gegeben hat: Um den Leim aufzuweichen, wird die Intarsie eine ganze Nacht lang angefeuchtet und mit einer mit wenig Wasser getränkten Watteschicht bedeckt, um die Feuchtigkeit zu bewahren. Am folgenden Tag wird die Intarsie mit zwei Schichten eines leicht saugfähigen Japanpapiers bedeckt, das mit einem Kunstharz, dem in Toluol gelösten Paraloid B 72, bepinselt wird. Dieses Produkt wird schon auf anderen Gebieten für die Restaurierung verwendet (vgl. S. 121). Nach viertelstündigem Trocknen haftet das Papier an der Intarsie. Nun können Kupfer und Schildpatt gleichzeitig mit einer Klinge und nötigenfalls unter Zuhilfenahme einer Spritze mit Alkohol abgelöst werden. Die Rückseite der Intarsie wird gereinigt und ebenfalls mit Japanpapier überklebt, worauf das Papier der Vorderseite mit Toluol abgelöst wird. Die Restauratoren setzen ihre Arbeit folgendermaßen fort: Die fehlenden Stücke werden auf der Vorderseite ersetzt; anschließend wird nochmals das gleiche Papier aufgeklebt, um das auf der Rückseite entfernen zu können; nachdem die Rückseite eingefärbt ist, wird ein aus Reisstroh gefertigtes Papier aufgeklebt; dieses unbehandelte Papier wird ebenfalls gefärbt und mit der Intarsie auf das Blindholz geleimt.
Es muß sich jetzt nur noch erweisen, ob dieses interessante Verfahren, das auch für die Ablösung von Holzintarsien verwendbar wäre, auf die Dauer keine verderblichen Folgen haben wird.

VERGOLDUNG UND BEMALUNG

1 Die Würmer dringen nicht durch die Grundierung, können aber darunter Gänge bohren.

2 P. VERLET. Le Mobilier royal français, Bd. I, Paris 1945, S. 75, 91

3 HONORÉ DE BALZAC, *Le Cousin Pons,* Paris (A.-M. Meiniger) 1974, S. 135. Bei den in Frankreich in jüngerer Zeit neu vergoldeten Möbeln sind die Innenflächen – die Rückseiten der Zargen der Konsolen und Sitzmöbel – oft gelb gestrichen (in einem dunkleren Farbton als das Gelb, mit dem die Grundierung eingeleimt wird).

4 Das entspricht offenbar dem, was Watin die griechische Vergoldung nennt. J.-F. WATIN, L'Art du Peintre, Doreur, Vernisseur, 2. Auflage, Paris 1773, S. 163–165

5 Zum Beispiel die Klappstühle aus Marie-Antoinettes

Spielsalon in Compiègne, als sie 1806 in Napoleons Gemächer in Fontainebleau verbracht wurden. P. VERLET, Le Mobilier royal français, Bd. I, Paris 1945, S. 86

6 J.-F. WATIN, L'Art du Peintre, Doreur, Vernisseur, 2. Auflage, Paris 1773, S. 180–181

7 Es gibt noch einen Hersteller in Frankreich. Vor der Verwendung wird der Leim eine Nacht lang eingeweicht. Dann werden jeweils 100 g Leim in einem Liter Wasser aufgelöst. Er darf weder zu schwach noch zu stark sein. Da er schnell schlecht wird, empfiehlt es sich, ihn im Kühlschrank oder zumindest an einem kühlen Ort aufzubewahren und im Sommer geringere Quantitäten herzustellen als im Winter.

8 Sie wird folgendermaßen zubereitet: In der Mitte der Schlämmkreide, die in ein Gefäß gegeben wurde, höhlt man einen «Kamin» aus, in den man den nicht zu heißen flüssigen Leim gießt. Man rührt von diesem Kamin ausgehend und achtet sorgfältig darauf, jede Klümpchenbildung zu vermeiden. Dann wird die Mischung, die klebrig bleiben muß, mit warmen Händen geknetet, um sie weich zu machen, und anschließend in ein feuchtes Tuch eingeschlagen oder in eine Terrine gelegt und mit einem feuchten Lappen zugedeckt. Da sie nicht lange haltbar ist, muß sie am gleichen Tag verwendet oder am nächsten Tag neu aufgeweicht werden.

9 Der Schachtelhalm ist ein Schilfrohr, das an Teichen wächst und heute schwer aufzutreiben ist, weil es von niemandem mehr geschnitten wird. Die geschnittenen Schachtelhalme werden von ihren Knoten befreit und eingeweicht, um zu quellen und biegsam zu werden; man verwendet sie als feuchte Bündel, mit denen man reibt. Die Spitzen, die mit der zu polierenden Oberfläche in Berührung kommen, können abgeschrägt werden.

10 Der unter Ludwig XVI. in der Königlichen Gerätkammer angestellte Vergolder Chatard veranschaulicht die Bedeutung des Profilierens in einer Rechnung, die er für die Vergoldung des Kaminschirms in Marie-Antoinettes Gemach in Versailles stellt; die einzelnen Posten entsprechen den verschiedenen Operationen: Einleimen und Grundieren (18 Livres), Profilieren (120 Livres), gelbes Einleimen und Unterlage (18 Livres), Vergolden (120 Livres + 36 Livres für Gold), Brünieren (241 Livres): P. VERLET, Le Mobilier royal français, Bd. I, Paris 1945, S. 91.

11 Dieser Stoff wurde schon früher von den Vergoldern verwendet. Tatsächlich kann man mit Pfeifenerde vergolden, wenn man sie in Leim auflöst, um eine Art Milch zu erhalten, die auf das Holz aufgetragen wird und dort eine sehr leichte Grundierung bildet, die das Schnitzwerk nicht verdickt. Das Vorgehen erfordert wenig Zeit, da diese Grundierung nicht abgeschliffen werden muß und sich von selbst glättet. Auf dieser Grundierung werden die weiteren Operationen durchgeführt, um mit Wasser oder Öl zu vergolden. In Deutschland wird eine Vinylunterlage hergestellt, die nicht für Restaurierungen verwendet werden soll, vor allem weil sie sich bei den auszubessernden Stellen nicht mit der früheren Unterlage verbinden läßt.

12 Die Phasen des Goldschlagens lassen sich folgendermaßen zusammenfassen: Der Barren Feingold wird zu einem dünnen Streifen ausgewalzt, den man in kleine Stücke schneidet. Sie werden mit den notwendigen Metallen (im allgemeinen Silber und Kupfer) vermischt, um eine Legierung in der gewünschten Farbe zu erhalten. Dann wird alles in einem Tiegel eingeschmolzen. Anschließend wird die Legierung zu einem Barren gegossen, der zu einem Metallstreifen von der Dicke etwa einer Postkarte ausgewalzt wird. Der Streifen wird in ungefähr 5 cm große, hie und da etwas größere Quadrate geschnitten. Die Oberfläche jedes Plättchens wird zunächst drei- oder viermal durch eine Walze gelassen, um abgeplattet zu werden. Die aufgestapelten Quadrate werden bei den ersten Schlagoperationen durch Pergamentblätter voneinander getrennt, später durch sehr dünne Plastikfolien. So bilden sie, was die Goldschläger einen «Satz» nennen. Nach dem ersten und zweiten Schlagen wird der Satz auseinandergenommen, die Goldblätter werden in vier Teile geschnitten und zu einem neuen Satz geordnet. Nach dem letzten mechanischen Schlagen wird der letzte Satz mit einem etwa 6 Kilo schweren Hammer von Hand geschlagen. Der französische Goldschläger arbeitet im Sitzen, der deutsche im Stehen. Nach beendeter Arbeit wird der Satz einer Arbeiterin übergeben, die die Goldblätter mit einer Pinzette herausholt und in die Büchlein einfüllt. Vgl. C. RÜEGSEGGER, L'or battu, in: Revue des douanes (suisses), 1975, Nr. 2. Wir danken auch Herrn Didier Charrier, Goldschläger in Sens, für die uns gewährten Auskünfte.

13 J.-F. WATIN, L'Art du Peintre, Doreur, Vernisseur, 2. Auflage, Paris 1773, S. 148

14 Die früher von Bürstenbindern für die Vergolder hergestellten, auf Federkiel montierten und «schnurgebundenen» Haarpinsel (Abb. 73) werden heute in schlechterer Qualität industriell fabriziert. Auch die Vergolderpaletten sind heute dicker: Man sieht nicht mehr hindurch wie früher.

15 Watin gibt noch gewisse Arbeitsgänge an – das Auftragen

besonderer Fonds für die Vergoldung mit grünem oder zitronengelbem Gold, die Anwendung einer «Karmin» genannten Lösung nach dem Brünieren oder Mattieren –, die von den heutigen Vergoldern offenbar nicht mehr durchgeführt werden.

16 R. EDWARDS, A Set of Carved and Gilt Furniture at Knole and its Restoration, in: The Connoisseur 145 (März–Juni 1960), S. 164–168

17 Die heute von einer französischen Firma hergestellte Mischung besteht aus Leinöl, das bei hohen Temperaturen (250–280°) mit Umbra und einer Spur Bleiglätte gekocht wird.

18 Vor allem keinen Firnis mit Terpentinöl, weil dadurch die Ölvergoldung aufgelöst würde.

19 H. LEFUEL, Georges Jacob, ébéniste du XVIIIe siècle, Paris 1923, S. 278–282

KONSERVIERUNG

1 Es gibt sie auch aus Gummi, aber dann sind sie nicht wirksam genug.

2 Vgl. beispielsweise NOSBAN und MAIGNE, Nouvel manuel complet de l'ébéniste et du tabletier, Paris 1887, S. 383 (Manuels-Roret).

3 A. LORAC-GERBAUD, L'Art du laque, Paris 1973, S. 94

SCHEMATA

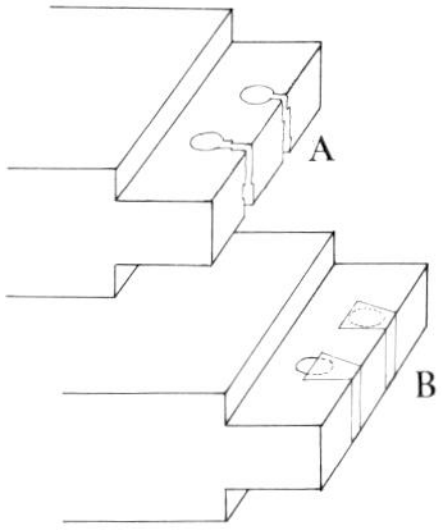

Schema 1
A) Geborstener Zapfen
B) Ausbesserung
mit Schwalbenschwänzen

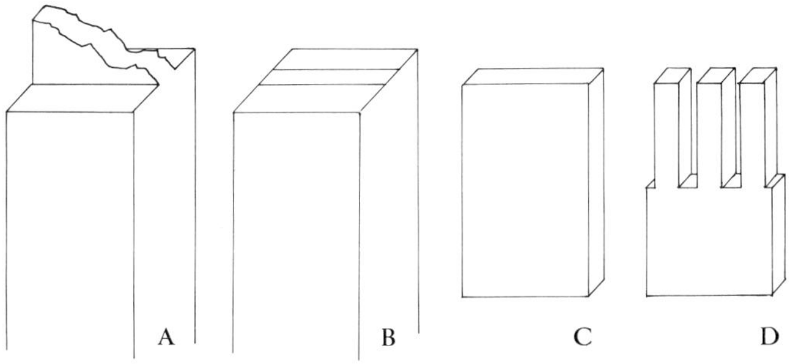

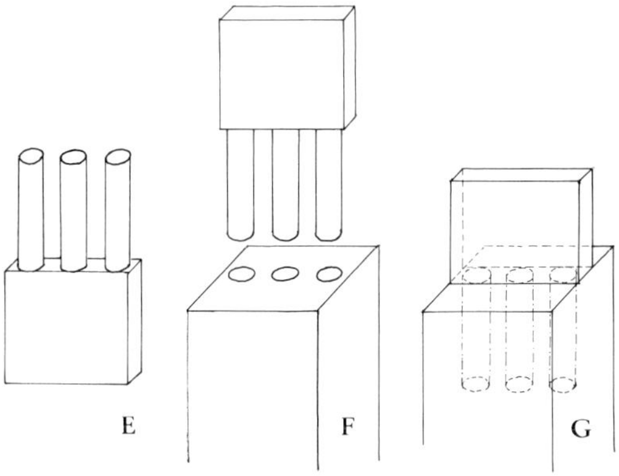

Schema 2 – Ersetzen eines geborstenen Zapfens durch einen Kammzapfen
A) Geborstener Zapfen
B) Platz des abgeglichenen Zapfens
C) Holzstück, aus dem der Kammzapfen geschnitten wird
D) und E) Ausführung des Kammzapfens
F) und G) Einsetzen des Kammzapfens

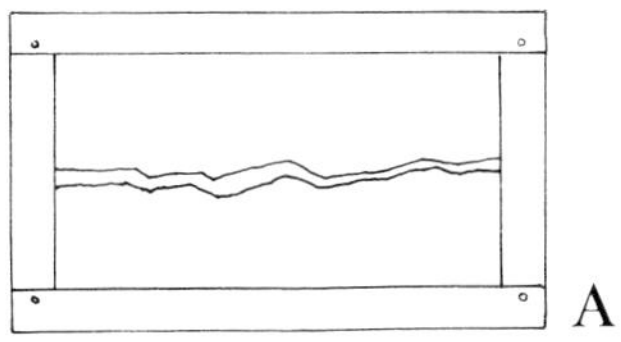

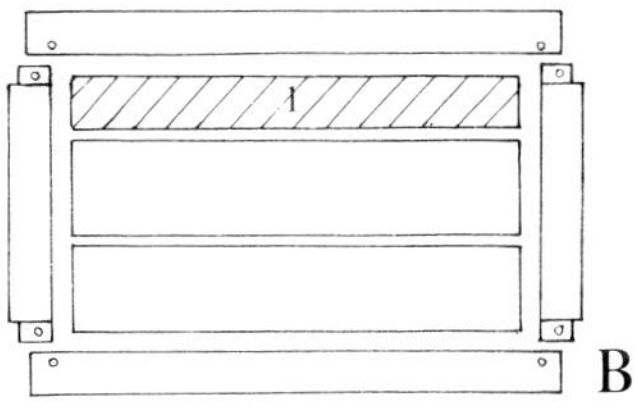

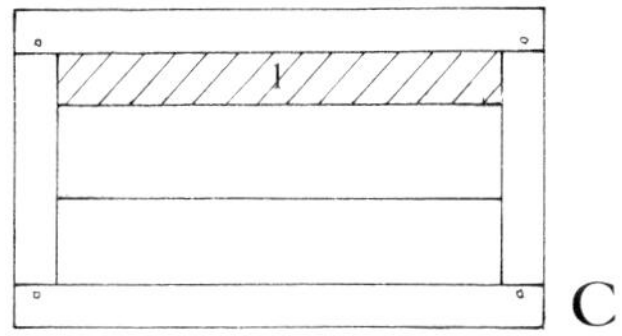

Schema 3 – Ausbesserung einer gerissenen Tafel mit einem Span
A) Gerissene Tafel
B) Abgenommene Tafel: Die Fugenränder sind zugerichtet, der Span (1) ist vorbereitet.
C) Nach dem Einsetzen des Spans (1) neu geleimte Tafel

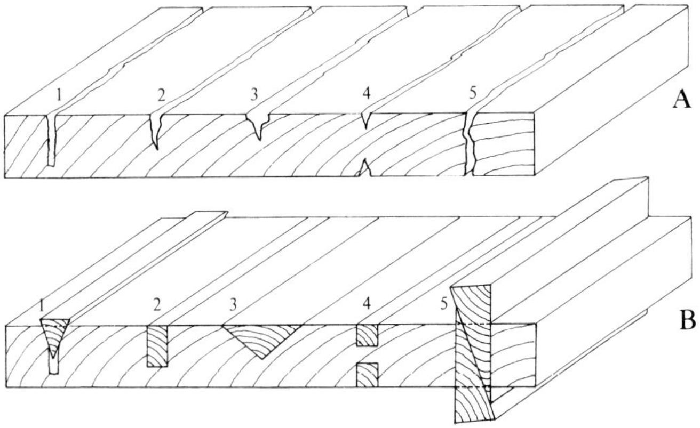

Schema 4 – Ausbesserung einer gerissenen Tafel mit Füllstückchen
A) Gerissene Tafel
B) 1: Unnützes Füllstückchen, das den Spalt nicht ausfüllt.
2 bis 5: verschiedene Arten von Füllstückchen, die den Rissen 2 bis 5 des Schemas A entsprechen.

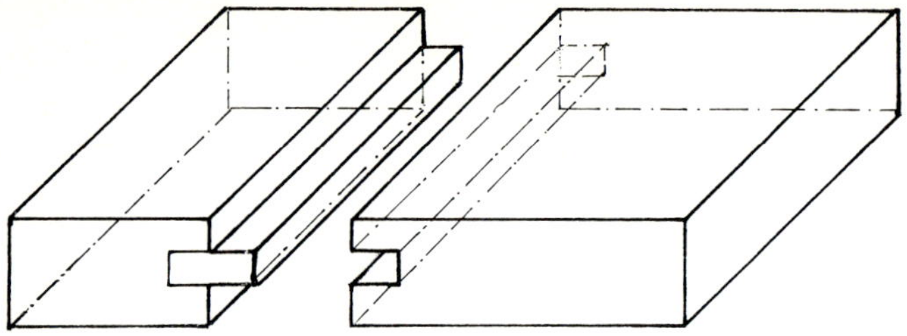

Schema 5 – Falsche Feder

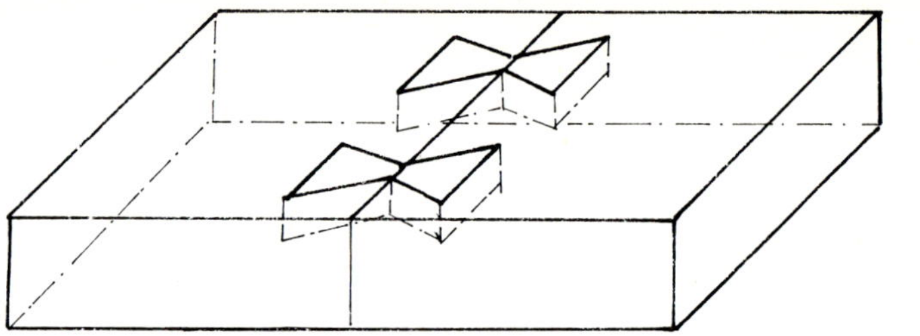

Schema 8 – Zapfen in Form eines doppelten Schwalbenschwanzes

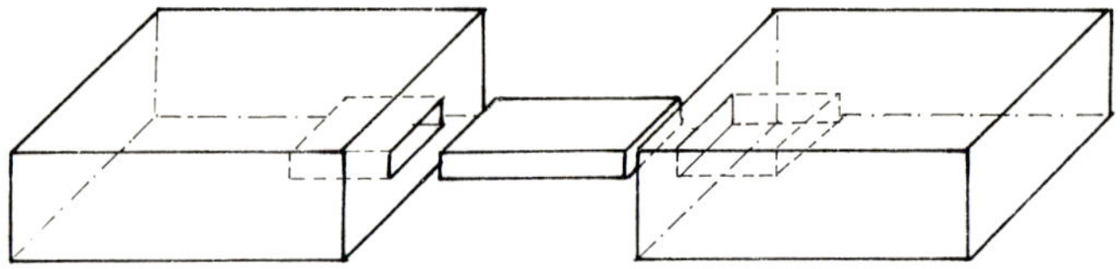

Schema 6 – Falscher Zapfen

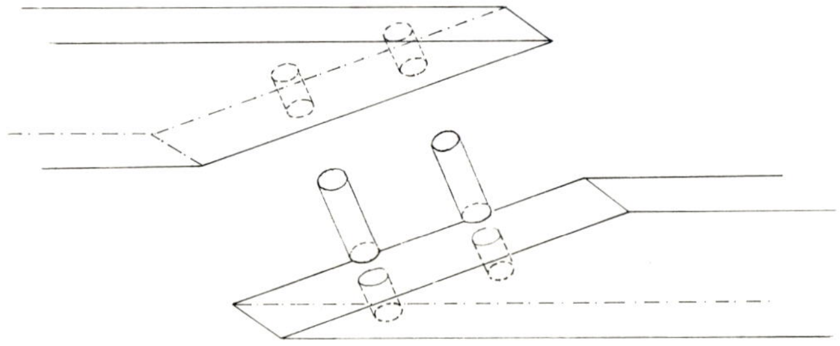

Schema 9 – Schrägzapfen mit zwei Dübeln

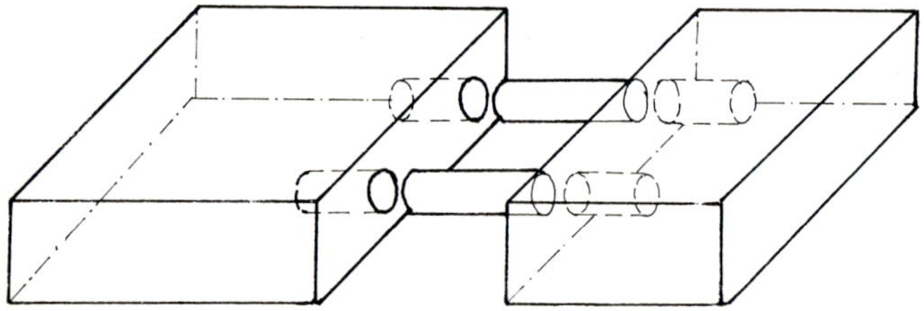

Schema 7 – Dübel

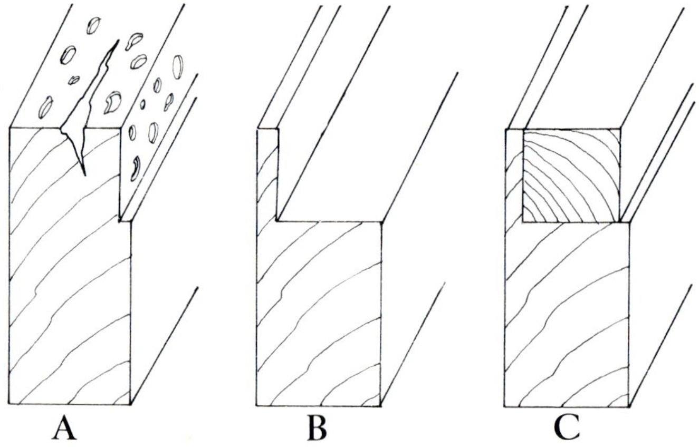

Schema 10 – Ausbesserung einer Querleiste eines Sitzmöbels mit einer falschen Aufblattung
A) Gerissene Querleiste des Sitzes mit Nagelspuren
B) Ausgehöhlte Querleiste
C) Einsetzen der falschen Aufblattung

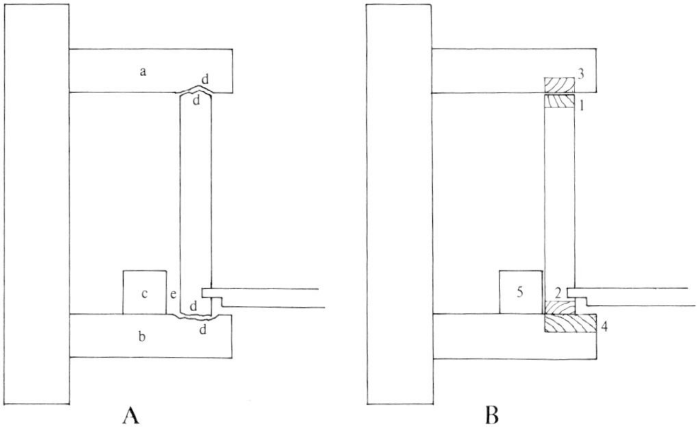

Schema 11 – Ausbesserung der Gleitvorrichtung auf der linken Seite einer Schublade

A) Zustand vor der Reparatur
   a) obere Laufleiste
   b) untere Laufleiste
   c) Streichleiste
   d) abgenutzte Stellen
   e) Spiel zwischen Schublade und Streichleiste

B) Zustand nach der Reparatur. Es wurden vier Schichten aufgeleimt: auf (1) und unter (2) der Schubladenseite, in der Nut (3) der oberen Laufleiste, in der Aufblattung (4) der unteren Laufleiste. Die Streichleiste (5) wurde abgelöst und der Schublade entlang neu geleimt.

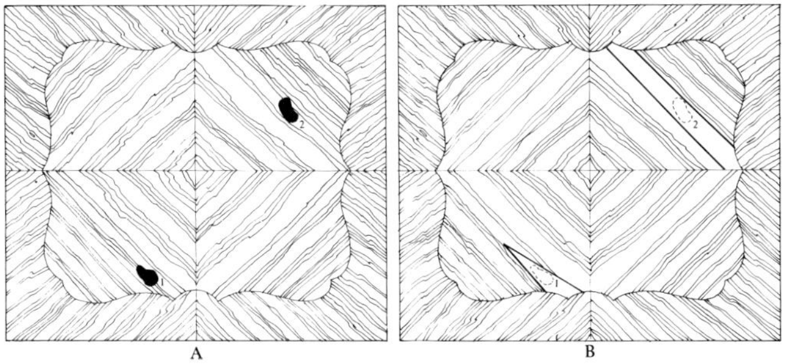

Schema 12 – Einfügen von Stücken

A) von Durchbrüchen befallenes Furnier (1 und 2)

B) Form der entsprechenden Einsätze (1 und 2)

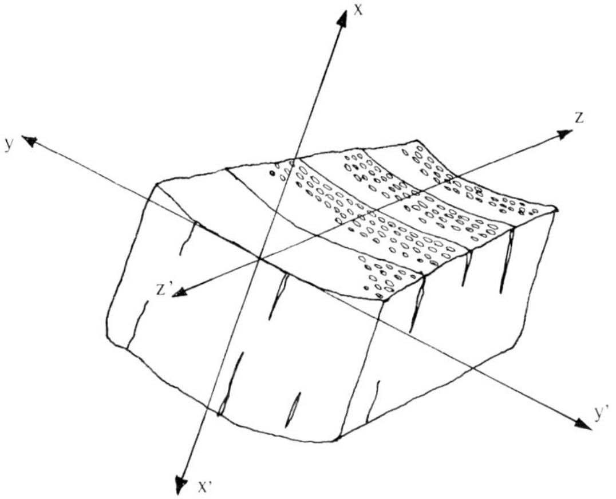

Schema 13 – Die verschiedenen Richtungen des Holzes, nach A. Villière, Le «jeu» du bois et les moyens pour le réduire. Sonderdruck aus: Le Courrier de l'Industriel du Bois et de l'Ameublement, 1973, Nr. 2, S. 4:

x x' : axial (Faserrichtung)
y y' : tangential
z z' : radial.

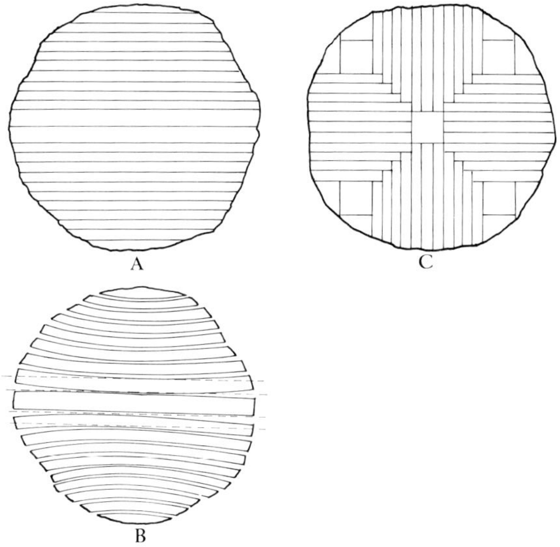

Schema 14

A) Tangential-(Bohlen-)schnitt

B) Auswirkung des Trocknens auf tangential geschnittene Bretter

C) Radialschnitt

BIBLIOGRAPHIE

HOLZ

CAMPREDON, J. Le bois, Paris 1975[5] (Que sais-je?, 382)

HOURS, M. Etat des recherches en matière de conservation des biens culturels en bois, in: *Musées et collection publique de France,* Nr. 129, 1975, S. 7–11

KÜHN, H. Erhaltung und Pflege von Kunstwerken und Antiquitäten, München 1974

MONCRIEFF, A. Review of Recent Literature on Wood (January 1960–April 1968), in: *Studies in Conservation* 13, 1968, S. 186–212

PLENDERLEITH, H.J. und A.E.A. WERNER The Conservation of Antiquities and Works of Art: Treatment, Repair, and Conservation, London 1972

Les colles dans l'industrie du bois, *Cahiers du Centre Technique du Bois,* Serie III, Nr. 97, Paris o.J.

Les ennemis des bois dans la construction et l'ameublement, *Cahiers du Centre Technique du Bois,* Serie I, Nr. 31, Paris 1958

IIC, New York Conference on the Conservation of Stone and Wooden Objects, 1970, London 1971[2], Bd. 2

HANDWERK

CHANSON, L. Traité d'ébénisterie, 7. Aufl., Dourdan o.J.

RAMOND, P. La Marqueterie, Dourdan 1977

ROUBO L'Art du Menusier, T. III, Vol. II: L'Art du Menusier en Meubles, Paris 1772 (Nachdruck Paris 1977)

ROUBO L'Art du Menuisier, T. III, Vol. III: L'Art du Menusier Ebéniste, Paris 1774 (Nachdruck Paris 1977)

WATIN, J.-F. L'Art du Peintre, Doreur, Vernisseur, Paris 1773[2] (Nachdruck Paris 1975)

RESTAURIERUNG

RODD, J. The Repair and Restoration of Furniture, London 1954

VERLET, P. Les meubles français du XVIIIe siècle, 2 Bde., Paris 1956 (L'Œil du Connaisseur)

WENN, L. Restoring Antique Furniture, London 1974

DANK

Der Verfasser spricht hier allen, die zum Gelingen seiner Arbeit beigetragen haben, seinen aufrichtigen Dank aus:

den Restauratoren, die ihn liebenswürdig an ihren Erfahrungen teilhaben ließen, insbesondere René Miramond und Claude Penot, Restauratoren am Louvre, und Jacques Penot;
sowie Jean Alot, Jean-Michel André, Claude Collot, Roger Delaunay, Henri Desgrippes, Vincenzo Fancelli, Michel Germond, Maxime Goujon, Pierre Klieski, Henri Lefeuvre, Lucien Leprince, Christian Leprince, Germain Mathel, Paul Mériguet, Anna Østrup, Victor von Reventlow, François Servas;
Jean Taralon, Inspecteur général des Monuments historiques und Leiter des Laboratoire de recherche des Monuments historiques;
Marcel Stefanaggi, Chef de laboratoire, und Bernard Callède, Laboratoire de recherche des Monuments historiques;
Lola Faillant, Chef du service de documentation im Laboratoire de recherche des Musées de France;
Dr. Franz Windisch-Grätz, Leiter des Österreichischen Museums für angewandte Kunst, Wien, den Konservatoren des Musée Camondo, des Musée national du Château de Malmaison, des Musée Bossuet in Meaux, dem Präsidenten des Syndicat d'initiative von Tonnerre, die Werke aus ihren Sammlungen zur Reproduktion freigegeben haben;
Alain Moatti,
Edmond Tanner, Chef de l'atelier de menuiserie im Louvre,
Marie-Françoise Leca, Marie-Laure de Reviers, Florence Faidherbe,
und schließlich seinen Freunden und Kollegen Ségolène Bergeon, Danielle Gaborit Chopin, Daniel Meyer und Colombe und Jean-Pierre Samoyault.

ABBILDUNGSNACHWEIS

Die Aufnahmen wurden ausgeführt von: MAURICE CHUZEVILLE: 1, 2, 7–10, 13–22, 24–29, 30–32, 34, 36–38, 39, 41–44, 46–48, 51–64, 68, 71, 74; YVES GROSSOT: 12; CLAUDE PENOT: 5, 35, 40; JACQUES PENOT: 23, 33, 45; GEORGES ROUTHIER: 49, 65–67, 69, 70, 72, 73, 75–78; CONSERVATOIRE NATIONAL DES ARTS ET MÉTIERS: 11; MUSÉE DU CHÂTEAU DE FONTAINEBLEAU: 4; MUSÉE DE MEAUX: 50; ÖSTERREICHISCHES MUSEUM FÜR ANGEWANDTE KUNST: 6. – Die Schemata fertigten RENÉ MIRAMOND, KLUTT MOUCHET, CLAUDE PENOT und GÉRARD PICHELIN.